MALKURS

CHINESISCHE BLUMENMALEREI

MALKURS CHINESISCHE BLUMENMALEREI

Schritt für Schritt

mit

LILI YUAN

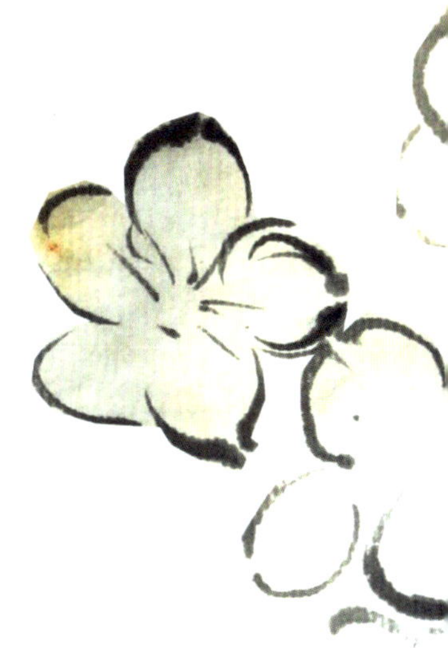

REICHERT VERLAG WIESBADEN

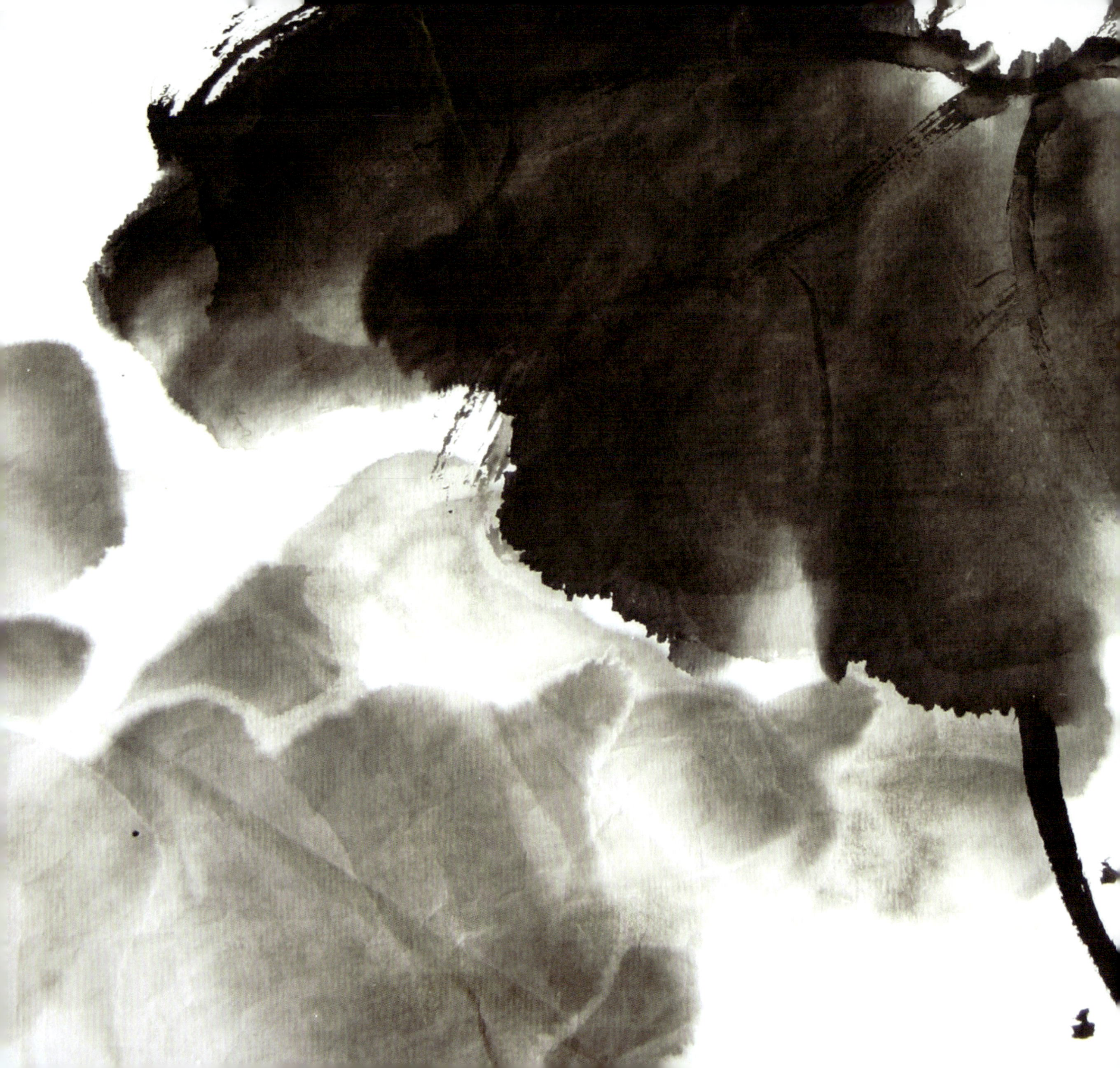

INHALT

Vorwort 6
Danksagung 8
Materialien 10
Basiswissen und technische Anleitungen 16
Schritt für Schritt 23
1. Kamelien 24
2. Pflaumenblüten 28
3. Glyzinien 32
4. Mandelblüten 36
5. Magnolien 39
6. Rosen 42
7. Pfingstrosen 46
8. Lotos 50
9. Iris 54
10. Mohnblumen 58
11. Geranien 61
12. Taglilien 64
13. Sonnenblumen 67
14. Hortensien 70
15. Kosmeen 74
16. Stockrosen 77
17. Orchideen 80
18. Chrysanthemen 83
19. Weihnachtssterne 87
20. Bambus 90
Über die Künstlerin 94

VORWORT

Seit langem schon reifte in mir der Plan, ein Lehrbuch über die chinesische Malerei zu verfassen, in dem ich meine langjährigen Erfahrungen und Empfindungen mit Menschen teilen möchte, welche an dieser Kunst Freude und Interesse haben.

Achtzehn Jahre nun leite ich zahlreiche Seminare in dieser Malerei und ich bemerke, dass die chinesische Tuschemalerei in Deutschland – dem Land, in dem ich wohne und welches ich als meine zweite Heimat betrachte – und in Europa immer bekannter wird und immer mehr Interesse findet.

In diesem Lehrbuch wird der Malprozess eines jeden Blumenmotivs anhand von über zweihundert farbigen Abbildungen mit kurzer Textbeschreibung erläutert.

Dabei ist die Pinselführung Schritt für Schritt zu erkennen. Es werden 20 Blumenmotive im Stil der feinen Xieyi-Malerei behandelt. Darunter befinden sich klassische Motive wie Pflaumenblüten, Orchideen, Bambus und Chrysanthemen, aber auch Motive, welche in der chinesischen Malerei üblicherweise nicht vorkommen, wie Rosen, Mohn, Iris und Weihnachtsstern.

Die Kunst der chinesischen Tuschemalerei, die auf einer über fünftausendjährigen Tradition chinesischer Philosophie und Denkweise basiert, ist einzigartig. Man kann mit Fug und Recht behaupten, dass sie mit zu den wertvollsten Schätzen der Weltkultur gehört.

DIE EINZIGARTIGKEIT DER LEHRMETHODE IN DER TRADITIONELLEN CHINESISCHEN MALEREI

Die Lehrmethode der traditionellen chinesischen Malerei weist im Vergleich zur westlichen Malerei eine Besonderheit auf: Die Methode des Erlernens basiert in der chinesischen Malerei auf der Nachahmung, der Schüler malt Schritt für Schritt nach dem Vorbild des Meisters. Darüber hinaus muss der Lernende auch die bekannten klassischen Werke aus Bilderkatalogen (Huapu 画谱) kopieren, beispielweise aus dem *Lehrbuch für Kalligraphie und Malerei der Zehnbambushalle* (Shizhuzhai Shuhuapu 十竹斋书画谱) aus der Zeit der Ming-Dynastie und dem *Malereihandbuch des Senfkorngartens* (Jieziyuan Huapu 芥子园画谱) aus der Qing-Dynastie. Ebenso hervorragende Lernmaterialien gibt es aber auch aus neuerer Zeit. Darin werden detaillierte Erklärungen und Demonstrationen sowie Beispiele vorbildlicher Bildkompositionen gezeigt, an Hand derer es sich vom Einzelnen auf das Ganze schließen lässt. Für den Anfänger wird so ein direkter Lernweg zur Beherrschung der Maltechnik bereitgestellt.

In der traditionellen Malerei beruht diese Technik auf den Erkenntnissen der Vorgänger, so bei den vier Schritten auf dem Weg zum Malen des Bambus. Jeder dieser Schritte verlangt ein intensives Üben. Dabei geht es um das Verhältnis von Tusche zu Wasser, um die Harmonisierung von Wasser und Farbe, um Trockenheit oder Nässe, um kräftigen oder leichten Farbauftrag, um die Geschwindigkeit und die Härte des Pinselstrichs und vieles mehr. All dies sind wichtige Techniken, die beherrscht werden müssen. Ebenfalls wird sehr viel Wert auf die Bildkomposition gelegt. Durch wenige einfache Pinselstriche wird nicht nur einer Form, sondern auch einem Gedanken Gestalt verliehen. Manche Bilder regen so sehr zum Nachdenken an, dass man sie unzählige Male betrachten kann. Dies liegt in ihrer Ästhetik begründet und hier wird die höchste Stufe der chinesischen Malerei erreicht.

Um jedoch dorthin zu gelangen, wird ein intensives Üben vom Lernenden verlangt. Dessen Anstrengungen sollen sich auch auf seine Kultiviertheit, seine Bildung und seine Verbundenheit mit der Natur erstrecken. Dem chinesischen Gemälde liegt das Prinzip zu Grunde, dass seine *äußere Form die Natur und sein innerer Gedanke die Empfindung des Herzens* zeigen sollen (Wai shi zao hua, zhong de xin yuan 外师造化, 中得心源 – Zhang Zao, Maler aus der Zeit der Tang-Dynastie). Jeder Künstler der chinesischen Malerei soll deshalb eine innige Harmonie mit der Natur anstreben, eine spirituelle Verbundenheit mit jedem Berg und jedem Bach, mit jedem Grashalm und jedem Baum. Erst eine akribische Naturbeobachtung, eine durch Inspiration geprägte Kreativität und ein langjähriges und intensives Üben bringen die Früchte seiner Anstrengung zur Reife.

DIE PHILOSOPHISCHE BEDEUTUNG DER CHINESISCHEN MALEREI

Die chinesische Malerei strebt nach einer Natürlichkeit, Stille und Gelassenheit, sowie nach einer Eleganz, die auf den Ursprung des Daoismus zurückzuführen ist. Das Wesen der chinesischen Malerei wurde am gründlichsten durch die Philosophie des Laozi und des Zhuangzi beeinflusst. Die einleitend dargelegte künstlerische Gedankenwelt reflektiert die Seele der Lao-Zhuang-Philosophie. Sie ist gekennzeichnet durch eine enge Verbundenheit von Mensch und Natur, durch Offenheit, Toleranz und Ruhe gegenüber der Außenwelt und durch ihre Natürlichkeit. Diese Philosophie ist die geistige Quelle, aus der die chinesischen Maler zu allen Zeiten schöpften. Auf Grund dieser Ausprägung legt sie sehr viel Wert auf Natürlichkeit, Atmosphäre, Geistgehalt, Stille, Gelassenheit und Schlichtheit und letztlich beruht darauf die Faszination, die sie auf den Betrachter ausübt.

Der andere große Einfluss, dem die chinesische Malerei unterlag, stellt das alte Prinzip des Yin und Yang dar, das die grundlegende Theorie ihrer Bildkomposition prägte. Das Prinzip des Yin und Yang beruht auf der Gegensätzlichkeit aller Dinge. Alles im Universum kann nur existieren, weil es eine entgegengesetzte Entsprechung besitzt: So ist der Himmel dem Yang und die Erde dem Yin zugeordnet, ebenso entspricht die Wärme dem Yang und Kälte dem Yin usw. Diese zwei Gegensätze stützen einander und sie verwandeln sich in ihrer Wechselwirkung miteinander. Das Yang ist auch im Yin enthalten ebenso wie das Yin im Yang. Das eine kann ohne das andere nicht existieren.

Die Kompositionen der chinesischen Malerei reflektieren dies. Sie sind gekennzeichnet durch Surrealität und Realität, Intensität und Blässe, Verborgenheit und Offenheit, von Spärlichem und Üppigem, von Schlichtem und Kompliziertem, durch Dynamik und Ruhe u.v.m. Jedes Meisterwerk stellt deshalb eine Harmonisierung und Ausgewogenheit zwischen Yin und Yang her. Zu kräftig oder zu blass, zu viel oder zu wenig und das Gemälde misslingt.

SPASS AM LERNEN

„Das hat mir viel Spaß gemacht." Diesen Satz höre ich am häufigsten von meinen Schülerinnen und Schülern. Immer mehr Menschen aus westlichen Kulturkreisen begeistern sich für die Tuschemalerei. Sie lernen und verstehen. Gleichzeitig mit dem Interesse und der Freude an der Malerei gewinnen sie Einblicke in den kulturellen, geschichtlichen und philosophischen Hintergrund, der diese Malerei geprägt hat. Sie vergessen ihren Alltagsstress, bereichern nach der Pensionierung ihr Leben, bereiten sich selbst und anderen Freude und entdecken oft Fähigkeiten, von denen sie nichts ahnten.

Während meiner Lehrtätigkeit bin ich vielen Schülerinnen und Schülern begegnet und es erfüllte mich jedes Mal mit Glück und Stolz, wenn sie beim Malen ihrer Bilder strahlten und es sah dabei so aus, als hätten sie in diesen Augenblicken alle Sorgen vergessen. Nicht nur das Lernen, auch das Lehren macht Spaß.

Außer dem Ergebnis, welches uns viel Freude geschenkt hat, kann der Vorgang des Malprozesses eine ergötzende Arbeit sein. „Der Weg ist das Ziel“, auf den man sich konzentriert. Den Atem anhalten, die Stille des Raumes, nur das Geräusch des Pinsels, der das Papier berührt. Die Zeit, die unbemerkt vorbeigeht; alle Sorgen, Stress, Anspannung, Schmerzen werden abgelegt und vergessen.

Frau Dagmar Al-Ali-Broichen hat das am eigenen Körper erfahren. Sie sagt: „Die 2000-jährige fernöstliche chinesische Malerei half mir, vollkommen loszulassen, den Alltag mit Streß, Sorgen und auch meinen Schmerzen zu vergessen und dies als Meditation zu betrachten.“

Ich bin glücklich, dass die Arbeit der Tuschemalerei, welche mir und den Menschen Freude und Zufriedenheit gebracht hat und der ich meine Zeit gewidmet habe, als Beruf und Berufung mein Leben bestimmt.

DANKSAGUNG

Bei der Entstehung des Buches möchte ich mich herzlich bedanken bei: Meiner Tochter Yimeng Wu, die als Designerin das Gestaltungskonzept und den Umschlag des Buches entworfen hat. Dem Ehepaar Helmut und Elisebeth Baumeister, die meine Texte lektoriert haben. Dem Gestalter und Typographen Herrn Roman Wilhelm, dessen Schrift „Sung New Roman“ und die chinesische Schrift „Laowai Song“ ich in dem Buch verwenden durfte. Frau Dr. Zheng Tong und Herrn Dieter Huttenlocher, die einen Teil des Vorwortes vom Chinesischen ins Deutsche übersetzt haben.

Der Verlagsdirektorin Frau Ursula Reichert und Frau Dr. Sigrun Kotb sowie ihren Kollegen für ihr Engagement, dieses Buch in der Form auf die Welt zu bringen.

Lili Yuan

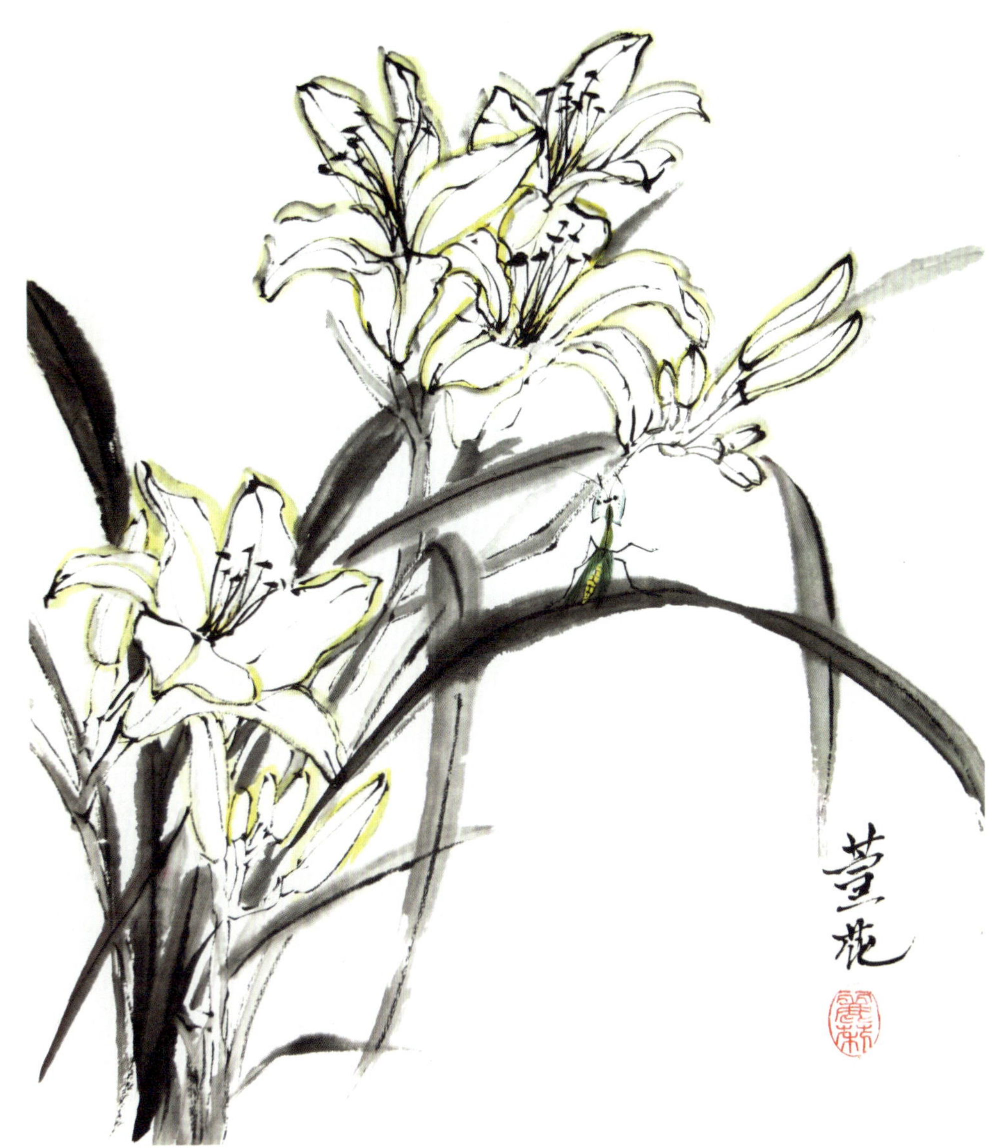
萱花

MATERIALIEN

PINSEL

Pinsel sind die wichtigsten Malwerkzeuge in der Tuschemalerei. Die Qualität der Pinsel ist sehr unterschiedlich. Ein schlechter Pinsel, dessen Haare sich spreizen, ohne Elastizität ist oder nur wenig Wasser aufnehmen kann, führt oft zu Problemen und kann den emotionalen Zustand des Malers negativ beeinflussen.

Auf Chinesisch nennt man den Pinsel „毛笔 Maobi“, „Mao“ bedeutet Haar, „Bi“ Pinsel. Ein Pinsel besteht aus drei Teilen: dem Haar, dem Griff und der Zwinge, welche Griff und Haar verbindet. Der Griff besteht meist aus Bambus-, Holz-, oder Porzellanrohr. Überwiegend stammen die Pinselhaare von folgenden Tieren: Ziege, Wolf, Wiesel, Pferd, Kaninchen, Erdmarder und Dachs. Je nach Haarstärke werden die Pinsel in drei Arten unterteilt:

Der weiche Pinsel 软毫, der meistens aus Ziegenhaar hergestellt wird; der härtere 硬毫, der aus Wolf-, Wiesel-, Dachs-, Pferd- oder Rattenhaar hergestellt wird; der Mischhaarpinsel 兼毫, der aus Wiesel- und Ziegenhaaren oder aus Ziegen- und Kaninchenhaaren besteht.

Im folgendem werden die am häufigsten verwendeten Pinsel in der sog. XieYi-Malerei vorgestellt. Für den Einstieg reichen ein bis zwei Pinsel von jeder Serie und Sorte.

ZIEGENHAARPINSEL

Eine Besonderheit der chinesischen XieYi-Malerei ist, dass Farbe und Tusche auf dem Pinsel gemischt und abgestuft aufgenommen werden können. Malt man Blumenblätter oder Äste, Gebirge oder Baumgruppen, dann hängt die Wahl des Pinsels zunächst von der Größe der Striche ab. Die großen Ziegenhaarpinsel werden sehr häufig gebraucht, denn diese können viel Farbe und Wasser aufnehmen. Der Pinsel eignet sich für größere Flächen wie Blätter, dicke Stämme und den Hintergrund.

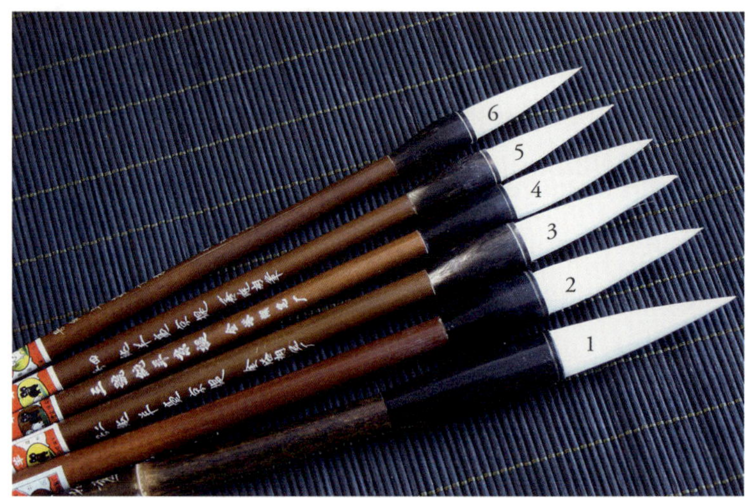

Ziegenhaarpinsel (1–6)

MISCHHAARPINSEL

Die Mischung von Ziegen- und Wieselhaar, die in der Blumen-XieYi-Malerei sehr häufig verwendet wird, hat einen schönen Namen, man nennt sie große, mittlere und kleine weiße Wolken-Pinsel (大,中,小白云笔). Sie sind elastisch und biegsam, haben eine längere Lebensdauer als andere Haarpinsel und sind preiswert. Sie eignen sich für kleinere bis mittlere Flächen wie Blumenblätter, kleine grüne Blätter und Baumäste. Bei dieser Art von Pinsel gibt es auch Mischungen von Ziegen- und Rattenhaar oder von Ziegen- und Kaninchenhaar.

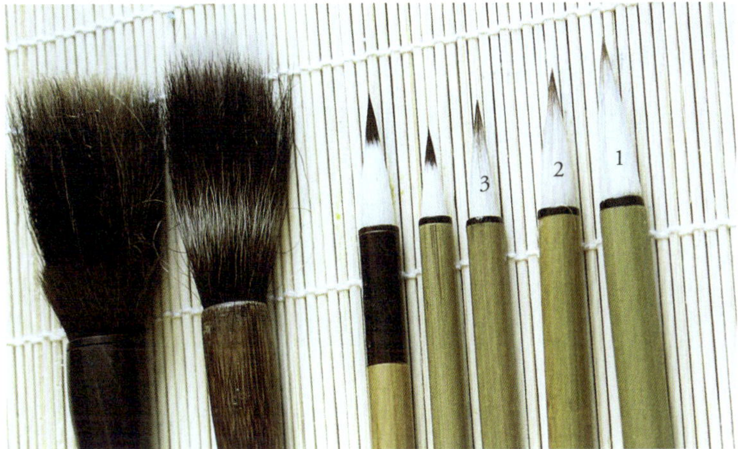

Weiße Wolken-Pinsel (1–3)

HÄRTERE TIERHAARPINSEL

Sie sind meistens aus Wiesel-, Erdmarder-, Dachs-, Pferde-, Ratten- und Kaninchenhaaren hergestellt, sie sind hochwertiger, elastischer und biegsamer als Ziegenhaarpinsel. Preislich gesehen sind diese wesentlich teurer als Ziegenhaarpinsel, wenn es sich um einen echten Qualitätspinsel handelt. Die Pinsel eignen sich besonders für das Malen von unterschiedlich breiten und auch dünnen Strichen; z. B. für Äste, Zweige, Stämme und auch für das Schreiben der Bildsignatur sowie für Kalligraphie.

HINWEISE

- *Bei einem neuen Pinsel wurden die Pinselhaare zusammengeklebt und geformt. Beim Kauf des Pinsels ist darauf zu achten, ob der Pinsel gleichmäßig rund geformt ist und eine scharfe Spitze hat, ob die Pinselhaare fein und gleichmäßig sind und ob der Pinselstiel gerade ist.*

- *Ein neuer Pinsel muss vor dem ersten Einsatz in lauwarmem Wasser eingeweicht werden, damit die Klebstoffe ausgewaschen werden können. Nach jedem Gebrauch wird der Pinsel sorgfältig ausgewaschen und das Restwasser im Pinsel herausgepresst. Danach zum Trocknen aufhängen oder auf einen Pinselhalter legen. Niemals den Pinsel im nassen Zustand über längere Zeit liegen lassen. Das schadet den Haaren, welche eventuell ausfallen können.*

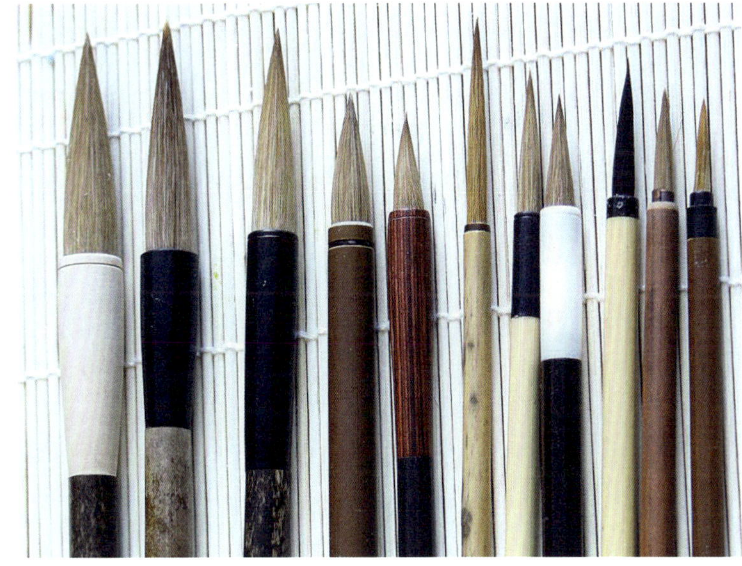

Härtere Tierhaarpinsel

TUSCHE

Die Tusche und der Tuschreibstein gehören zu den wichtigsten Utensilien in der chinesischen Malerei. Von den Künstlern werden sehr hohe Tuschequalitäten verlangt. Die Tusche aus dem Rohstoff Lampenruß ist fein, glänzend und hat eine sehr tiefe schwarze Farbe; sie eignet sich gut für das Malen von Bildern. Die Tusche aus dem Rohstoff Kiefernruß ist weniger glänzend und hat eine grauschwarze Farbe; sie wird besonders in der Schreibkunst verwendet.

In Flaschen abgefüllte flüssige Tusche vom Hersteller kann direkt verwendet werden. Bei trockener Tusche, welche in Stabform gepresst ist, muss diese auf einem Tuschereibstein mit Wasser gerieben werden, bis die Tusche intensiv schwarz wird. Danach ist sie verwendbar. Da diese Tusche eine bessere Qualität hat, ziehen es die meisten Künstler vor, ihre Tusche selbst auf dem Reibstein herzustellen. Beim Kauf der flüssigen Tusche oder der trockenen in Stabform sollte man sich vorher gut über die verschiedenen Hersteller informieren und auch die Tuschen ausprobieren.

Dabei spielt auch die Qualität des Reibsteins eine wichtige Rolle. Die Oberfläche des Steins muss fein sein, damit die Tusche nicht zu grob zerrieben wird und die Pinselborsten nicht beschädigt werden.

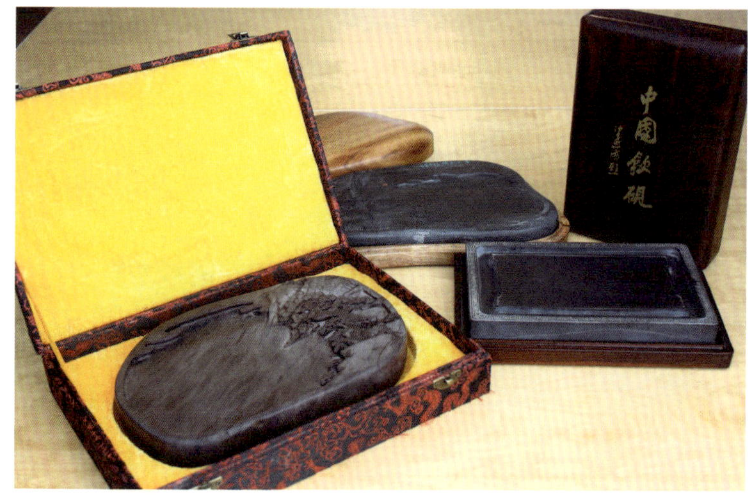

HINWEISE

- *Nach dem Gebrauch des Tuschestabs sollte dieser umgehend mit Papier abgetrocknet und wieder in sein Kästchen zurückgelegt werden. Der Stab darf niemals lang mit Wasser in Berührung kommen, in der Sonne liegen oder der offenen Luft ausgesetzt werden. Dadurch wird der Tuschestab brüchig.*
- *Die Tusche, die auf dem Reibestein übrig geblieben ist, trocknet. Sie ist wieder verwendbar, aber die Qualität ist dann geringer.*

PAPIER

Chinesisches Malpapier hat einzigartige Qualitäten: es ist geschmeidig, alterungsbeständig, faltenlos und es hat eine hohe Wasserabsorbtionsfähigkeit. Auf Deutsch nennt man es Reispapier, wahrscheinlich, weil das Rohmaterial aus Reisstroh hergestellt wird.

Das Papier wird zu 100% aus verschiedenen pflanzlichen Materialien in einem handwerklichen Arbeitsverfahren erzeugt. Das bekannteste und auch am häufigsten verwendete Papier heißt auf chinesisch Xuan-(Schen)-Papier. Xuan ist ein Ortsname, heute liegt dieser im Kreis Jin der Provinz Anhui. Er hat eine über tausendjährige Tradition in der Papierherstellung.

Das Xuan-(Schen)-Papier wird in drei Sorten unterteilt: das Roh-Xuanpapier, das Halbroh-Halbgar-Xuanpapier und das Gar-Xuanpapier. Roh-Xuanpapier ist saugfähig, es eignet sich für die XieYi-Malerei. Die Tusche oder die Farbe werden vom Papier sofort aufgesaugt und die Striche bleiben fest; man kann sie nicht mehr ändern. Bei Halbroh-Halbgar-Xuanpapier handelt es sich um Roh-Xuanpapier, welches mit Alaun leicht getränkt ist. Es ist dadurch weniger saugfähig. Gar-Xuanpapier ist mit Alaun stark getränkt; das Papier hat keine Saugfähigkeit mehr. Es ist nicht mehr für die Xieyi-Malerei geeignet. Dieses Papier kommt zur Anwendung für die Lasurtechnik der Gongbi Malerei.

Es gibt noch weitere Papiersorten, z. B. mit metallischen Einschlüssen von Gold- und Silberblättchen und andere interessante Formen, die nach den traditionellen Verfahren von Hand geschaffen werden. Diese haben ein kostbares und edles Aussehen.

In früheren Zeiten, in denen man noch keine modernen Schreibmittel hatte, wurden Papier, Tuschereibstein, Tuschestäbchen und Pinsel als die wichtigsten Arbeitsmittel für das alltägliche Schreiben, die Kalligraphie und das Malen verwendet. Man nennt sie die „Vier Schätze des Gelehrtenzimmers", die manchmal auch als die „Vier Schätze des Lernens" bezeichnet werden. In heutiger Zeit verlieren sich langsam die praktischen Funktionen der „Vier Schätze", ein Beispiel ist der Tuschereibstein, der als Sammlerstück gehandelt wird.

HINWEISE

• *Die Auswahl des Papiers stellt eine hohe Anforderung dar, da jede Papiersorte in unterschiedlichen Qualitäten und Eigenschaften angeboten wird: z. B. mehr oder weniger saugfähig, fester, dünner, dicker, usw. Jedes Papier besitzt seine eigene Wirkung. Bevor man sich für eine Sorte entscheidet, sollte man mehrere ausprobieren.*

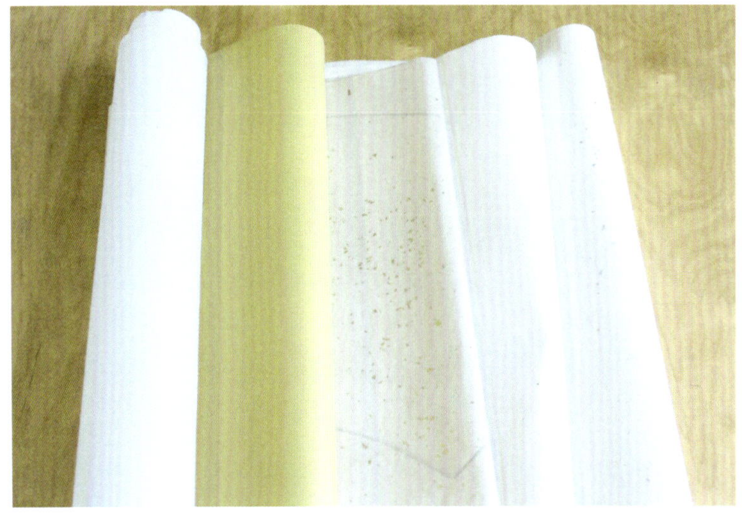

FARBEN

Bei den traditionellen chinesischen Malfarben handelt es sich um Farben aus Pflanzen, Mineralien und Erden. Sie werden meist in Pulver- oder Würfelform angeboten. Bevor man sie verwendet, kann man sie mit Wasser aufwärmen und verdünnen oder mit Bindemittel wie Tierleim oder Alaun verfestigen.

Die Auswahl der Farben ist groß. Die Farben aus Tuben sind synthetisch hergestellt, sie sind einfach anzuwenden. In China werden diese Farben am häufigsten verwendet, da sie eine große Farbtonvielfalt, ein leicht zu erzeugendes Mischergebnis und ein gutes Preis-Leistungs-Verhältnis haben. Es handelt sich um zwölf Farben; diese wurden für die Illustrationen dieses Buches verwendet.

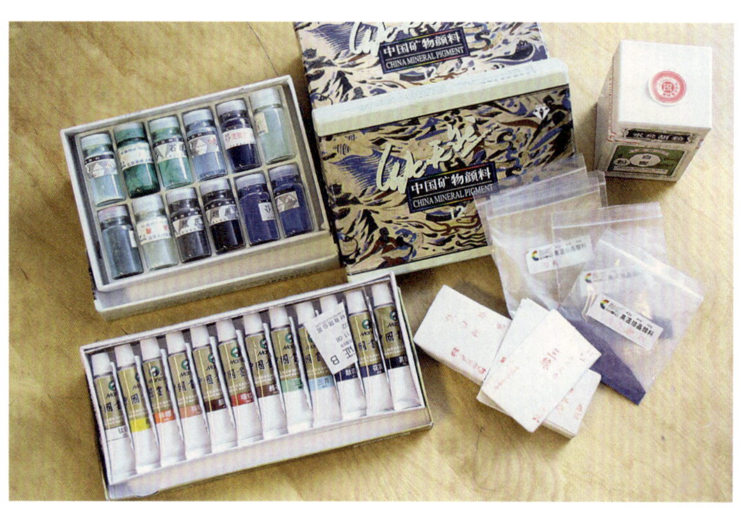

WEITERES MALZUBEHÖR

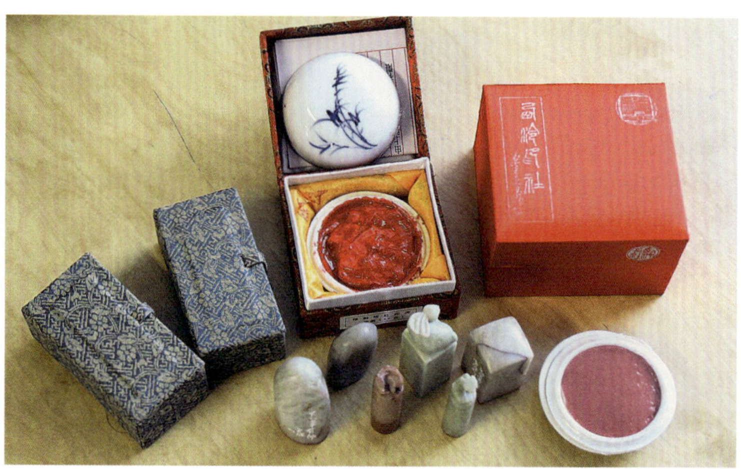

Stempel und Stempelfarbe

Der Stempel darf in der Tuschemalerei nicht fehlen. Nachdem der Künstler sein Bild fertig bemalt hat, muss er es mit seinem Namensstempel besiegeln, um das Bild zu vervollkommnen. Es ist üblich, neben dem ersten Stempel einen zweiten oder dritten Stempel zu ergänzen, der ein Wahlspruch, Wunsch oder Ateliername sein könnte.

Weiße Untertassen und Porzellanschälchen

Zum Mischen der Farben eignen sich besonders weiße Porzellangefäße, Untertassen und Schälchen. Hierin kann man gut die Farbabstufungen erkennen.

Filzunterlage

Als Unterlage für die Tuschemalerei ist ein Filztuch optimal. Es ist saugfähig, dadurch wird die beim Malen entstehende Feuchtigkeit aufgesogen. Wassergläser, Pinselhalter, Papierbeschwerer und Küchenpapier gehören ebenfalls dazu.

Sonstiges

Ein Hängeständer zum Pinseltrocknen und Aufbewahren, eine Bambusrolle zum Transportieren, Porzellanablage und Becher für die Pinselablage.

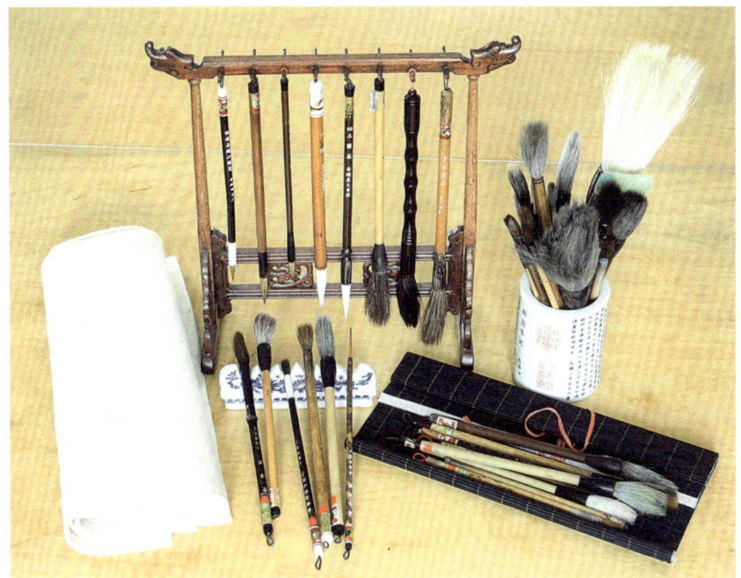

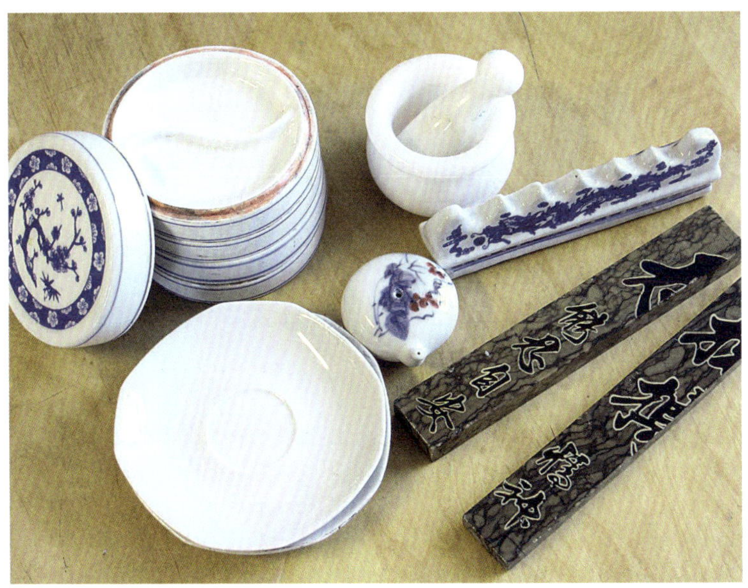

BASISWISSEN & TECHNISCHE ANLEITUNG

MALSTILE

Man unterteilt die traditionelle Chinesische Malerei in zwei verschiedene Malstile: Den *Xieyi-Stil*, was die Beschreibung des Sinnes bedeutet. Dieser Stil geht ursprünglich auf die Bilder der Gelehrtenmaler aus der Yuan-Dynastie (1271–1368) zurück. Der zweite Malstil, *Gongbi-Stil* genannt, bedeutet das präzise Abmalen. Er wird auch als höfische Malerei bezeichnet, welcher in der Song-Dynastie (960–1279) zu einer hohen Blüte gelangte.

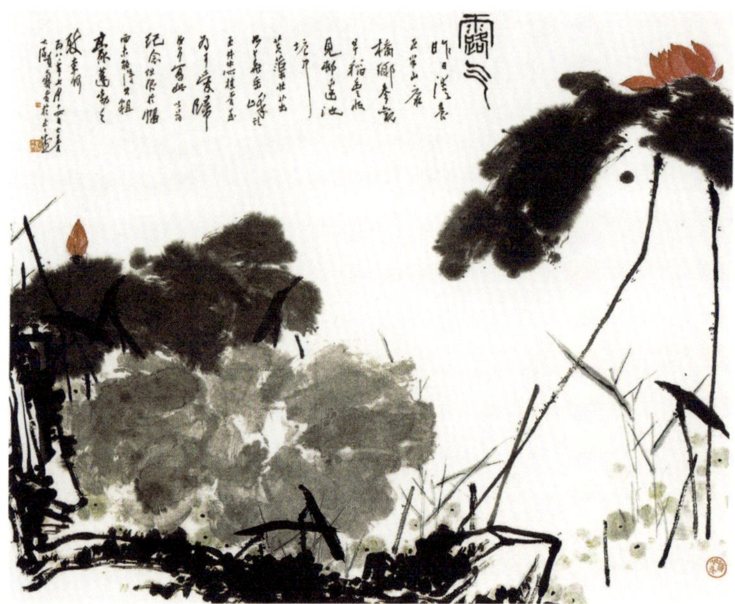

Großer Xieyi-Stil von Pan Tian Shou

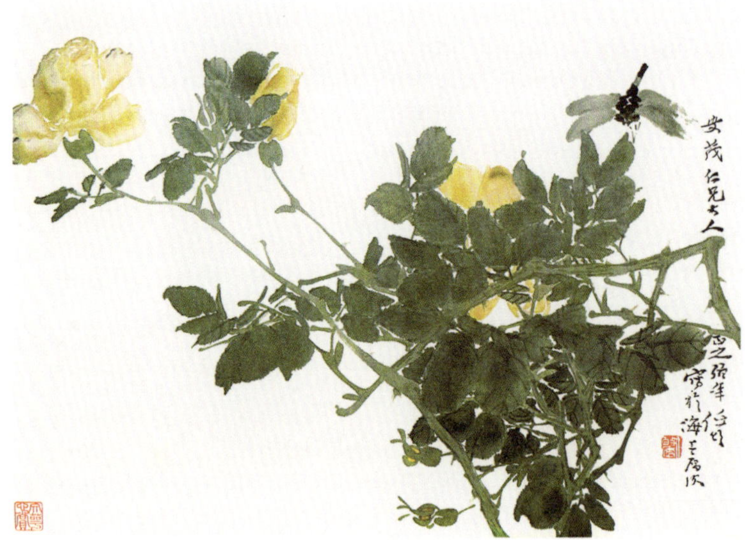

Kleiner Xieyi-Stil von Ren Yi

Man unterteilt die *Xieyi-Malerei* in eine sogenannte **„*Große Xieyi*"** und eine **„*Kleine Xieyi*"**, entsprechend der jeweiligen Gemütsverfassung des Malers.

Große Xieyi bedeutet, mit wenigen sparsamen Pinselstrichen das Wesen, den Sinn oder die Seele der Dinge auszudrücken, und wie in einem Rausch die Tusche und Farbe auf den Malgrund zu „verspritzen", entsprechend der Bedeutung des Schriftzeichens „Xieyi 写意". Die Bilder dieses Malstiles haben einen expressiven Ausdruck; dahinter verbirgt sich eine versteckte philosophische Aussage. Zu den bedeutendsten Meistern aus früherer und neuerer Zeit zählen Zhu Da (Ba Da Shan Ren 1626–1705), Wu Chang Shuo (1844–1927), Qi Bai Shi (1864–1957), Pan Tian Shou (1897–1971) und viele andere.

Dieser Malstil ist für Anfänger schwer zugänglich.

Bei der *Kleinen Xieyi-Malerei*, in der die Künstler der Natur besondere Aufmerksamkeit schenken, drückt man sehr individuell seine Gefühle aus. Der Künstler bemüht sich um eine relativ subtile Ausdrucksform der Malerei, hinter der meistens sinnbildlich ein Wunsch oder eine Hoffnung des Menschen versteckt ist. Die Bilder dieses Malstils stellen vereinfachte Naturszenen dar, die in skizzenhafter Leichtigkeit mit wenigen Pinselstrichen in Tusche und in zarten oder starken Farben ausgeführt werden. Zu den charakteristischsten und bekanntesten Künstlern aus früherer und neuerer Zeit zählen Yün Shouping (1633–1690), Ren Yi (Ren Bo Nian 1839–1895), Wang Xue Tao (1903–1982) und viele andere.

Das Erlernen dieses Malstils ist für Anfänger mit einer Vorliebe zur Natur leicht zugänglich.

Die *Gongbi-Malerei*, die auf feinem Papier oder Seide gemalt wird, stellt an den Maler besonders hohe Anforderungen und verlangt diszipliniertes und präzises Arbeiten. Es erfordert eine feine und genaue Beobachtung der Natur, wobei das Motiv in dünnen Umrandungslinien exakt vorgezeichnet wird, um es dann in mehrfachen Farbschichten, die übereinander aufgetragen werden, sorgfältig auszuarbeiten. Der Maler Huang Quan (903–968) aus der Tang-Dynastie gilt durch sein Bild „Vögel“, die sehr lebendig und bis ins feinste Detail dargestellt wurden, als Stammvater dieses Malstils.
Zu den bekanntesten Künstlern im Stil der Gongbi-Malerei aus früherer und neuerer Zeit zählen noch Lü Ji (1477–?), Qiu Ying (1498–1552), Yu Feian (1887–1959) und viele andere.

Für Anfänger ist das Erlernen dieses Stils bei ausreichender Geduld leicht möglich.

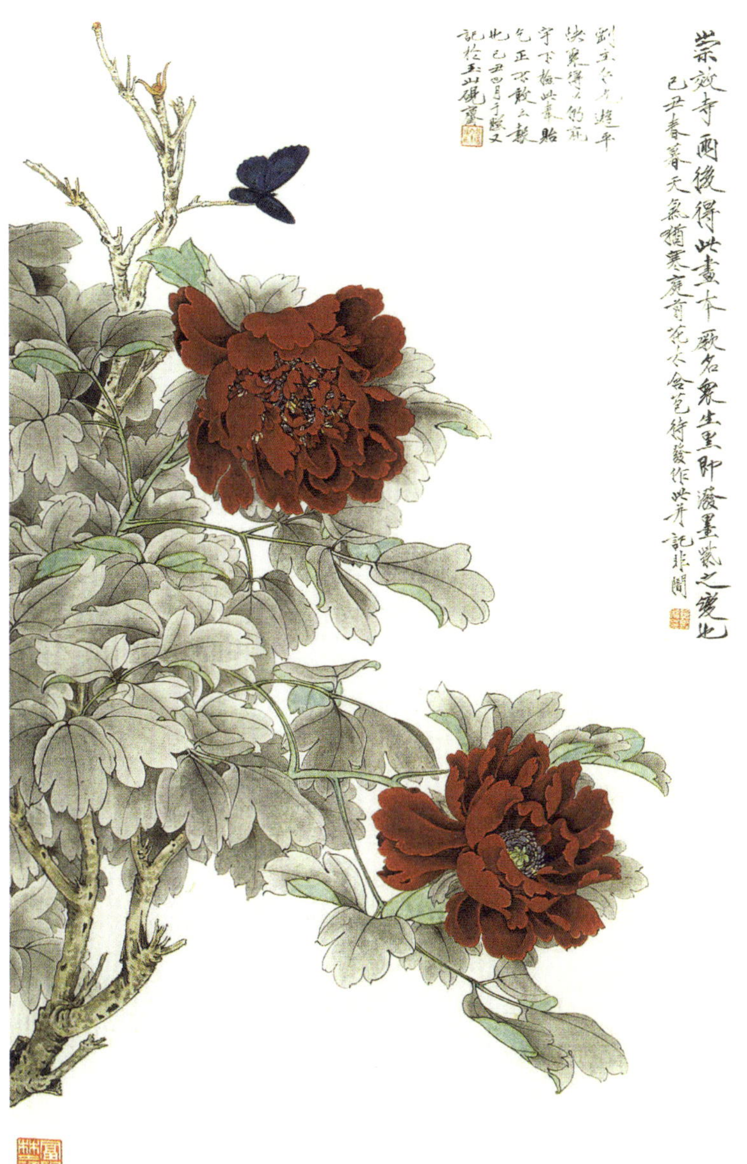

Gongbi-Stil von Yu Feian

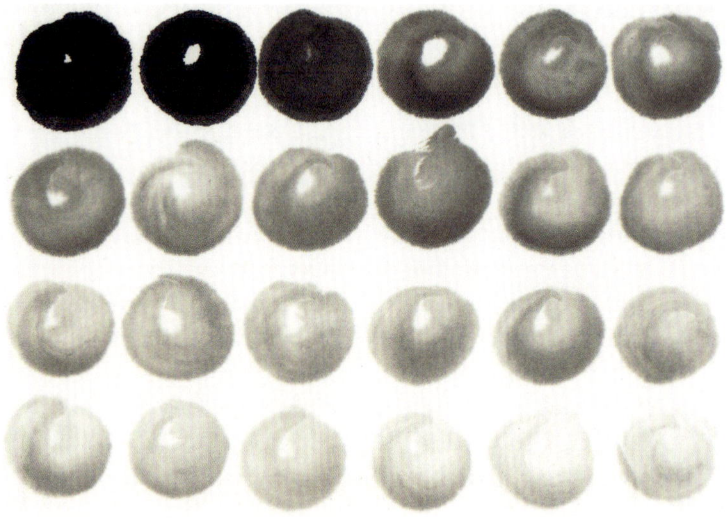

Tuscheabstufungen

DAS REIBEN DER TUSCHE

Geben Sie ein paar Tropfen Wasser auf den Reibstein, drücken Sie den senkrecht gehaltenen Tuschestab fest darauf und reiben Sie ihn in kleinen Kreisen, bis das Wasser eine intensive schwarze Farbe angenommen hat. Falls Sie Abstufungen von hellem Grau bis zu tiefem Schwarz wünschen, verdünnen Sie die Tusche mit etwas Wasser.

Tusche reiben

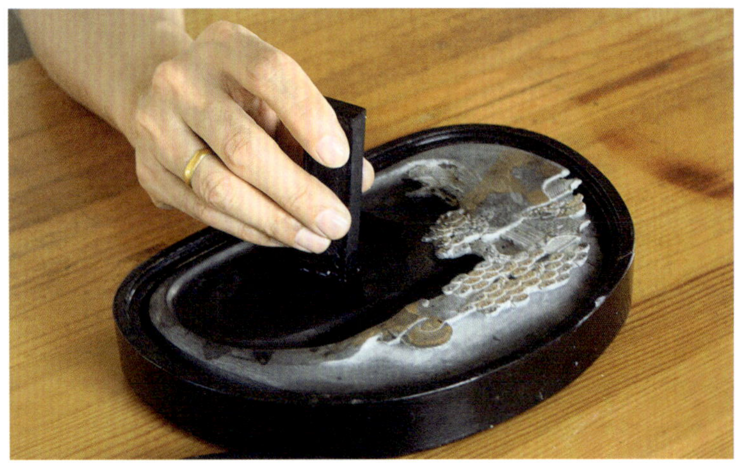

PINSELHALTUNG

Die Pinselhaltung ist äußerst wichtig, denn die einzelnen Striche lassen unterschiedliche Formen entstehen, die wirkungsvoll den Charakter des Motivs hervorheben. Der Pinselstrich, schmal oder breit, glänzend oder matt, gerade oder gebogen, hängt von der Haltung des Pinsels ab, je nachdem, ob dieser aufrecht, flach oder schräg gehalten wird. Ebenso spielt es eine Rolle, ob man den Pinsel sanft oder kräftig aufdrückt.

WASSERGLAS

Für die Aufnahme des Wassers ist ein durchsichtiges Wasserglas sehr zu empfehlen, da man deutlich die aufgenommene Wassermenge im Pinsel sieht.

VERSCHIEDENE PINSELHALTUNGEN

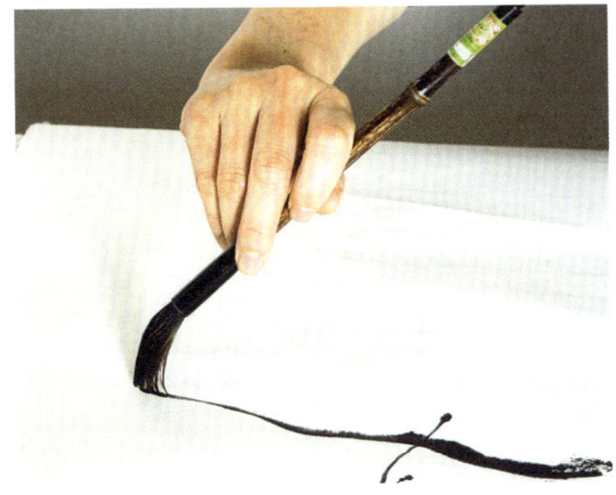

schräg Gegenrichtung

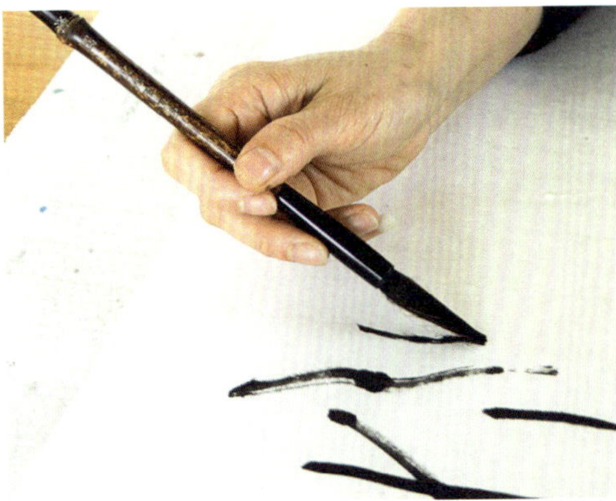

schräg

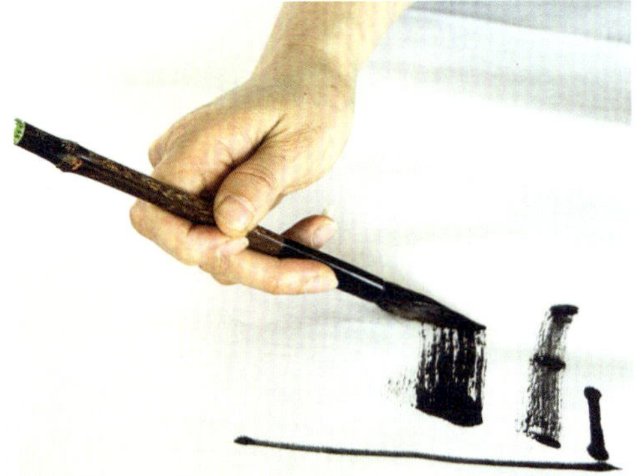

flach

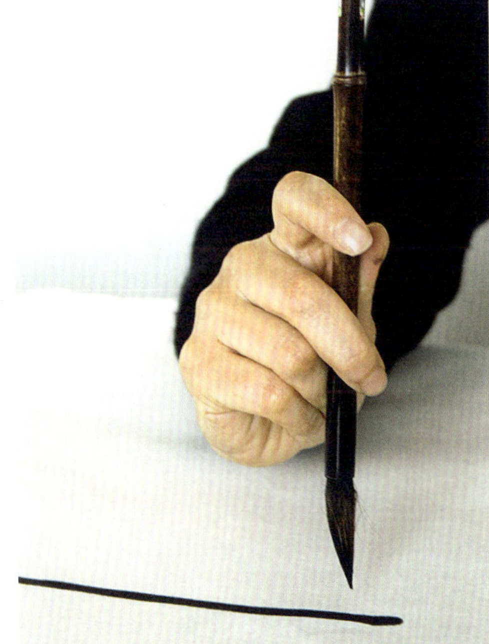

aufrecht

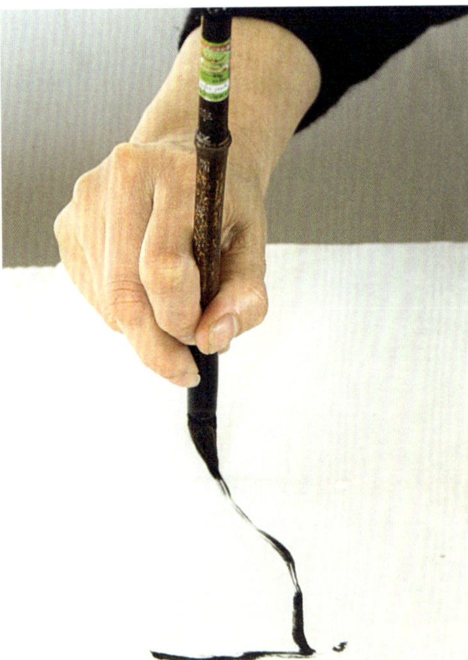

aufrecht Gegenrichtung

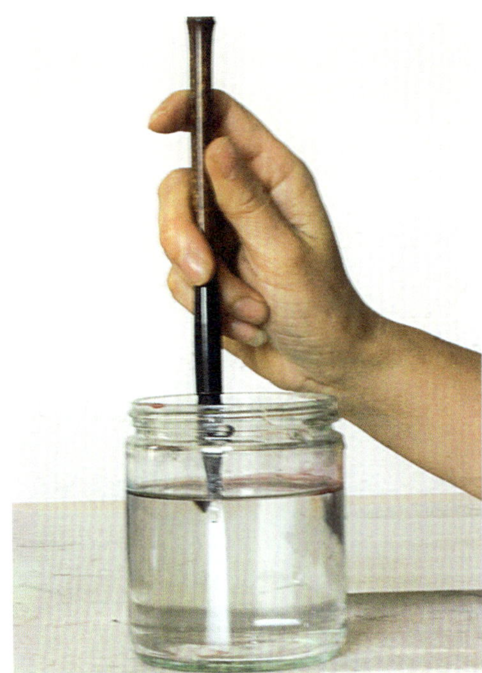

durchsichtiges Wasserglas

FARBEN

Folgende zwölf Farben (aus Tuben) wurden in diesem Buch zur Illustration verwendet.

Die Farbabstufungen werden von intensiv bis blass aufgezeigt.

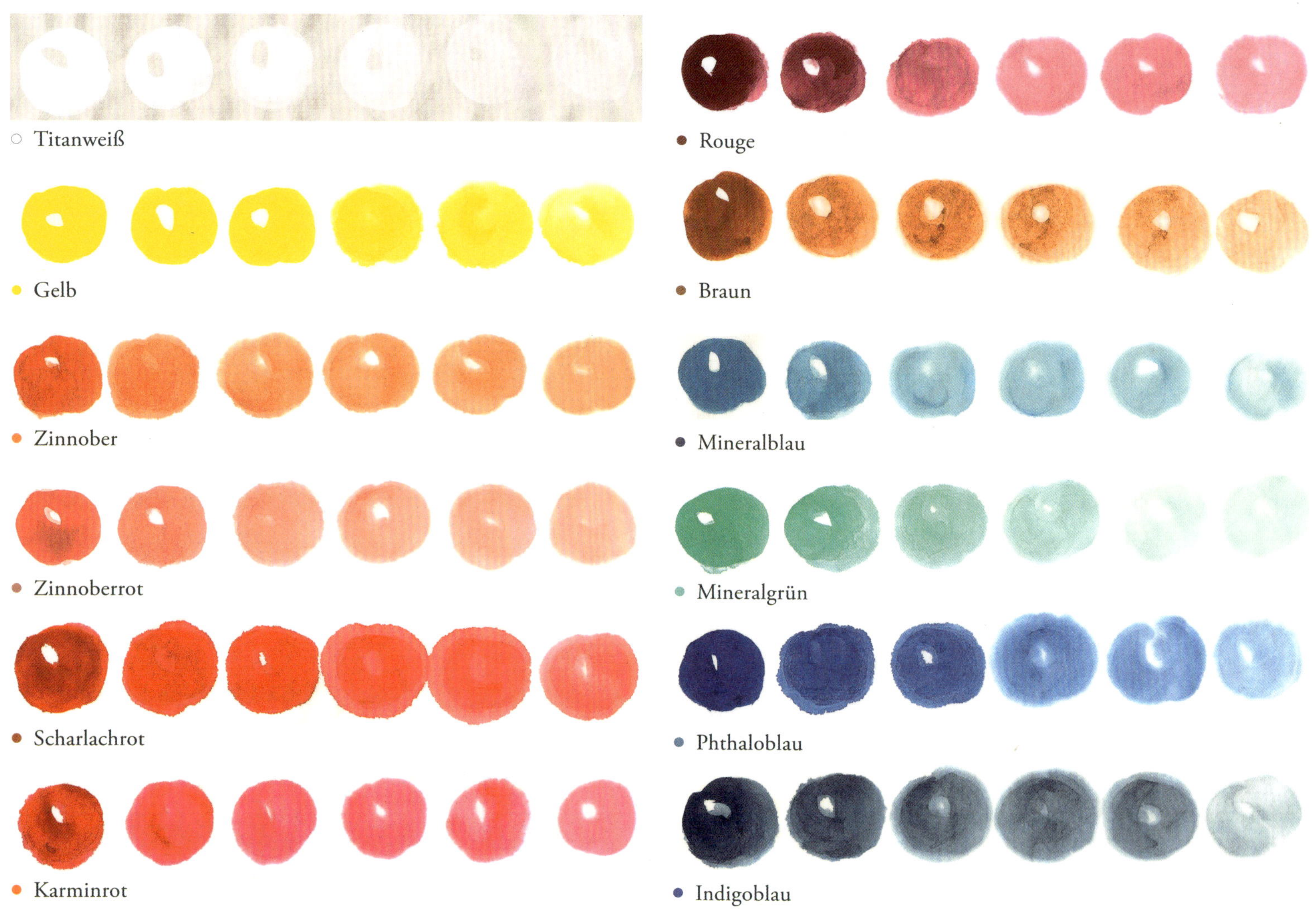

DAS MISCHEN DER FARBEN

Eine der Eigenschaften in der chinesischen Tuschemalerei (Xieyi-Stil) besteht darin, dass die gewünschte Farbe meistens aus zwei bis drei Farben gemischt, auf einmal im Pinsel abgestuft und dann direkt auf den Malgrund aufgetragen wird. Beim Malen können durch die vorgenannte Farbmischung im Pinsel Nuancen von hell bis dunkel erzeugt werden; diese bleiben auf dem Malgrund haften, so dass man sie nicht mehr verändern kann. Darum ist besonders darauf zu achten, dass mit einem Pinselstrich eine lebendige und dynamisch wirkende Form entsteht.

Nachfolgend finden Sie das Beispiel einer Farbmischung für ein grünes Blatt sowie die Beschreibung des Malprozesses, wie er häufig in der Malerei zu finden ist:

Das Mischen der grünen Farbe

Geben Sie aus der Tube die Farben Gelb und Indigoblau auf den Teller. Tauchen Sie einen im Wasser eingeweichten Ziegenhaarpingel in diese beiden Farben ein und mischen Sie diese beiden Farben, bis das gewünschte Grün im Pinselkörper erscheint. Anschließend nehmen Sie mit der Pinselspitze ein bisschen Tusche auf, mischen Sie diese leicht im Pinsel, um die Farbe etwas abzudunkeln. So erhalten Sie die grüne Farbe in mehreren Abstufungen auf den Pinsel.

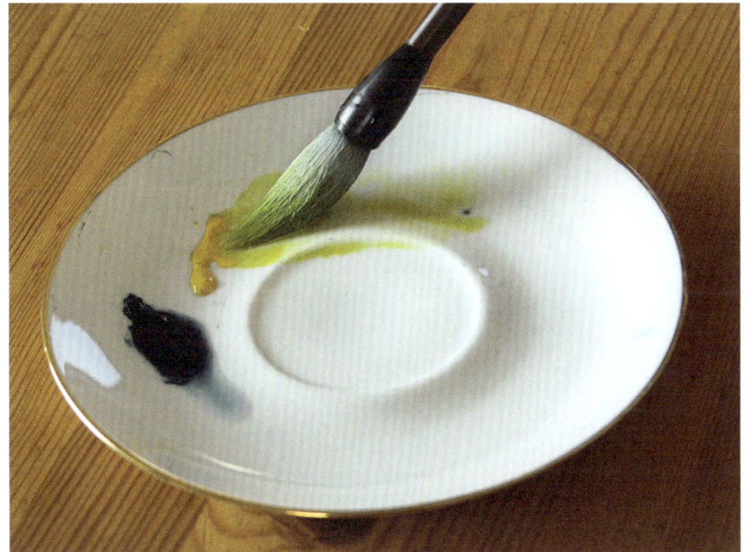

Das Mischen der grünen Farbe 1

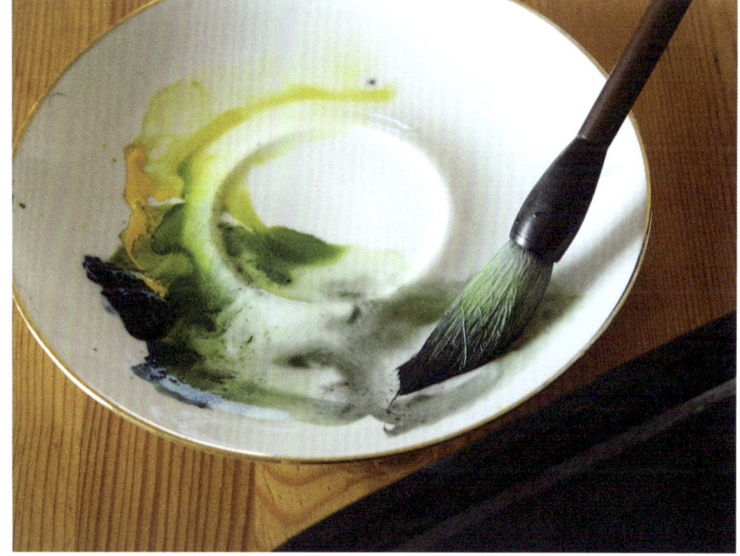

Das Mischen der grünen Farbe 2

Das Malen eines grünen Blattes

Halten Sie den Pinsel schräg, drücken Sie den Pinselkörper seitlich auf das Blatt und ziehen Sie mit einem Strich die Hälfte eines Blattes. In gleicher Weise fügen Sie daneben die zweite Hälfte des Blattes hinzu. Während das grüne Blatt noch feucht ist, werden die Adern des Blattes mit einem kleinen Wieselhaarpinsel eingefügt.

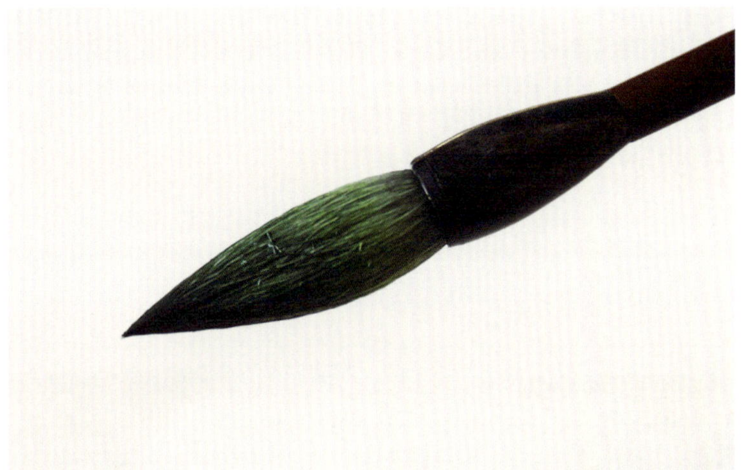

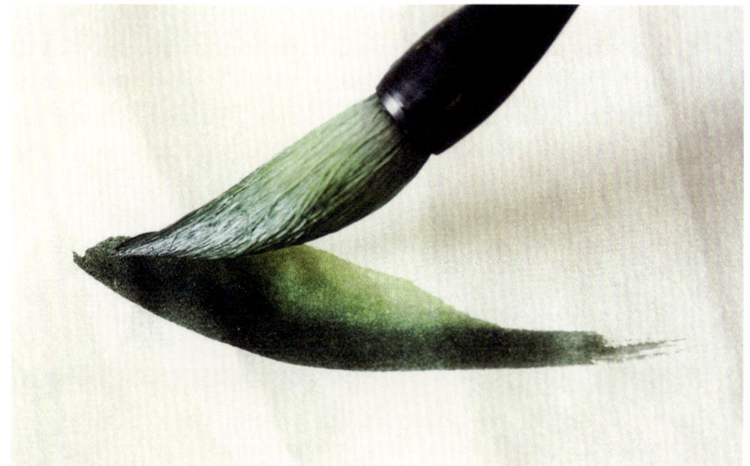

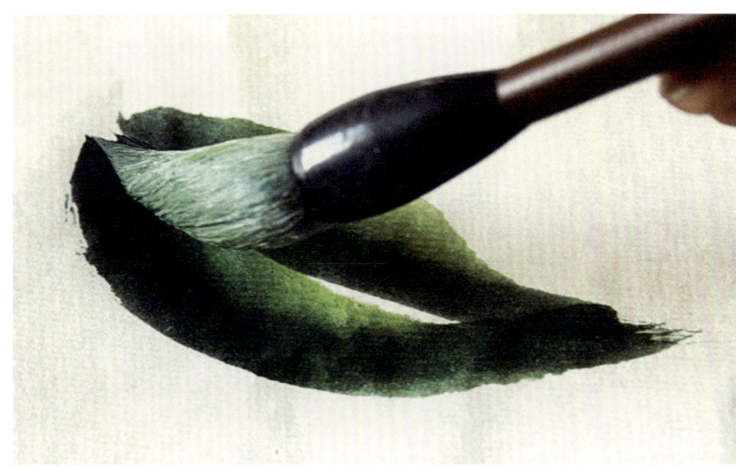

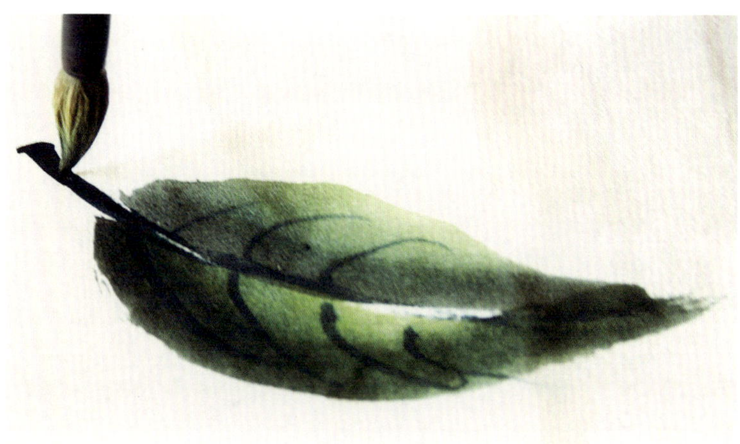

SCHRITT FÜR SCHRITT

KAMELIEN

Pinsel

Blüten: Weiße-Wolken-Pinsel Nr. 1
Blätter: Ziegenhaarpinsel Nr. 3
Blätteradern: Kleiner Wieselhaarpinsel

Farben

Blüten: • Scharlachrot, • Karminrot
Blätter: • Gelb, • Indigoblau, • Tusche
Stängel: • Braun, • Tusche

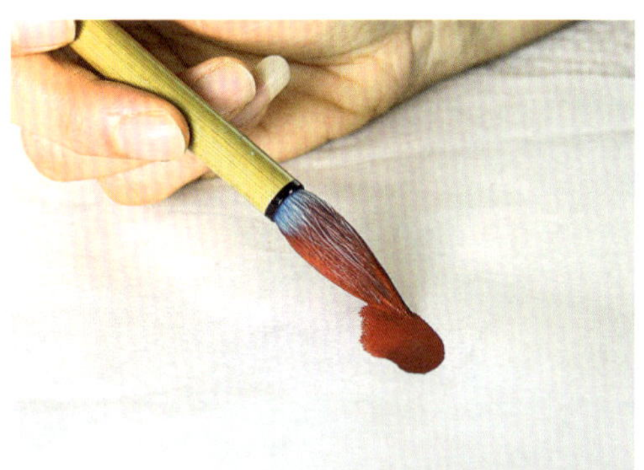

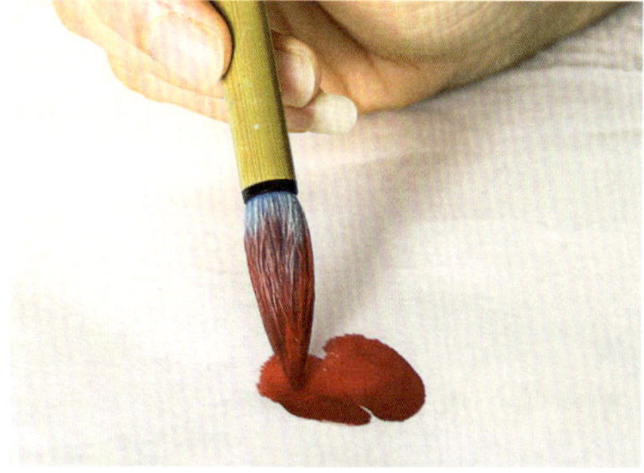

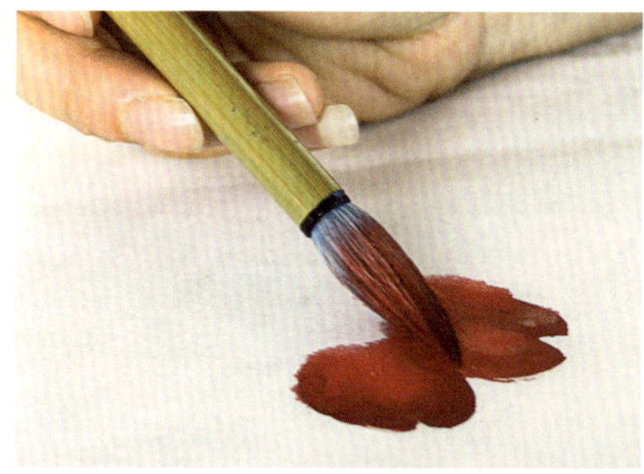

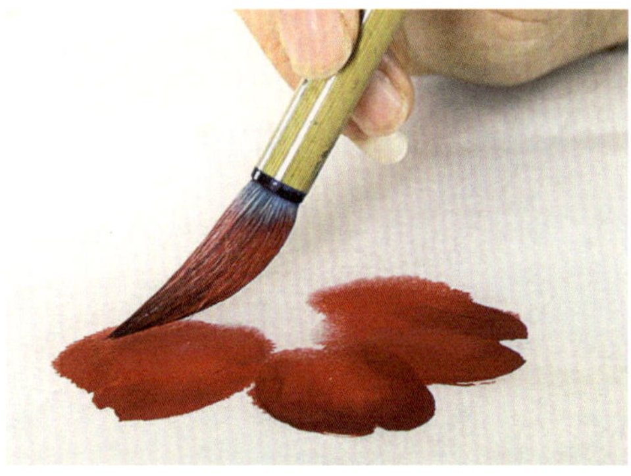

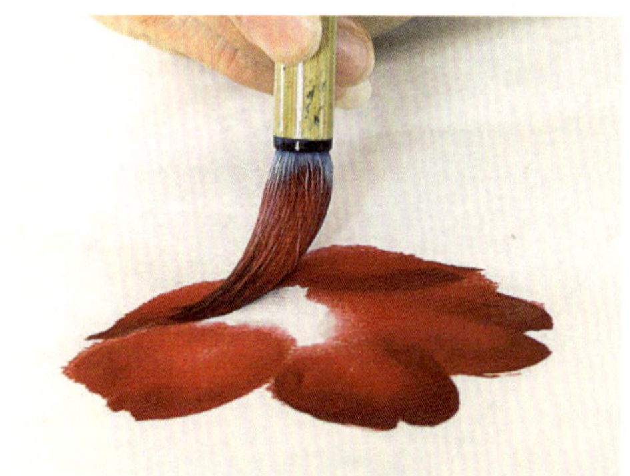

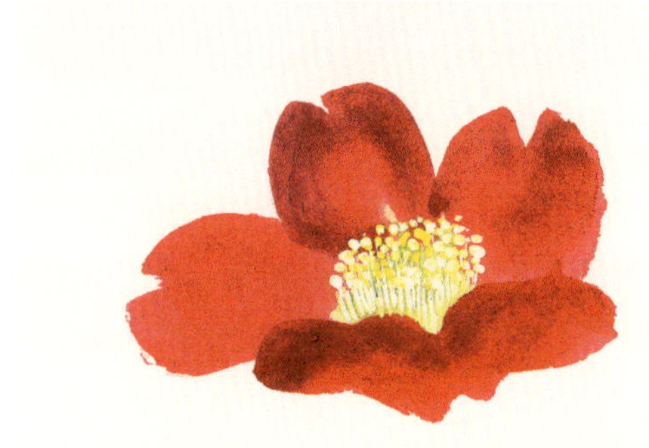

Blüten

Mischen Sie Scharlachrot und Karminrot und stufen Sie die Mischung im Pinsel entsprechend ab. Halten Sie den Pinsel mit der Spitze schräg nach oben, drücken Sie ihn sanft nach links in einer leichten Rundbewegung. Malen Sie dann auf die gleiche Weise nach rechts den zweiten Strich, so entsteht mit zwei Strichen ein Blütenblatt. Folgen Sie den Abbildungen, um die Blüte fertig zu malen. Jetzt füllen Sie den Stempel mit Grün aus. Sobald das Grün getrocknet ist, tupfen Sie dick Titanweiß und Gelb in die Staubgefäße.

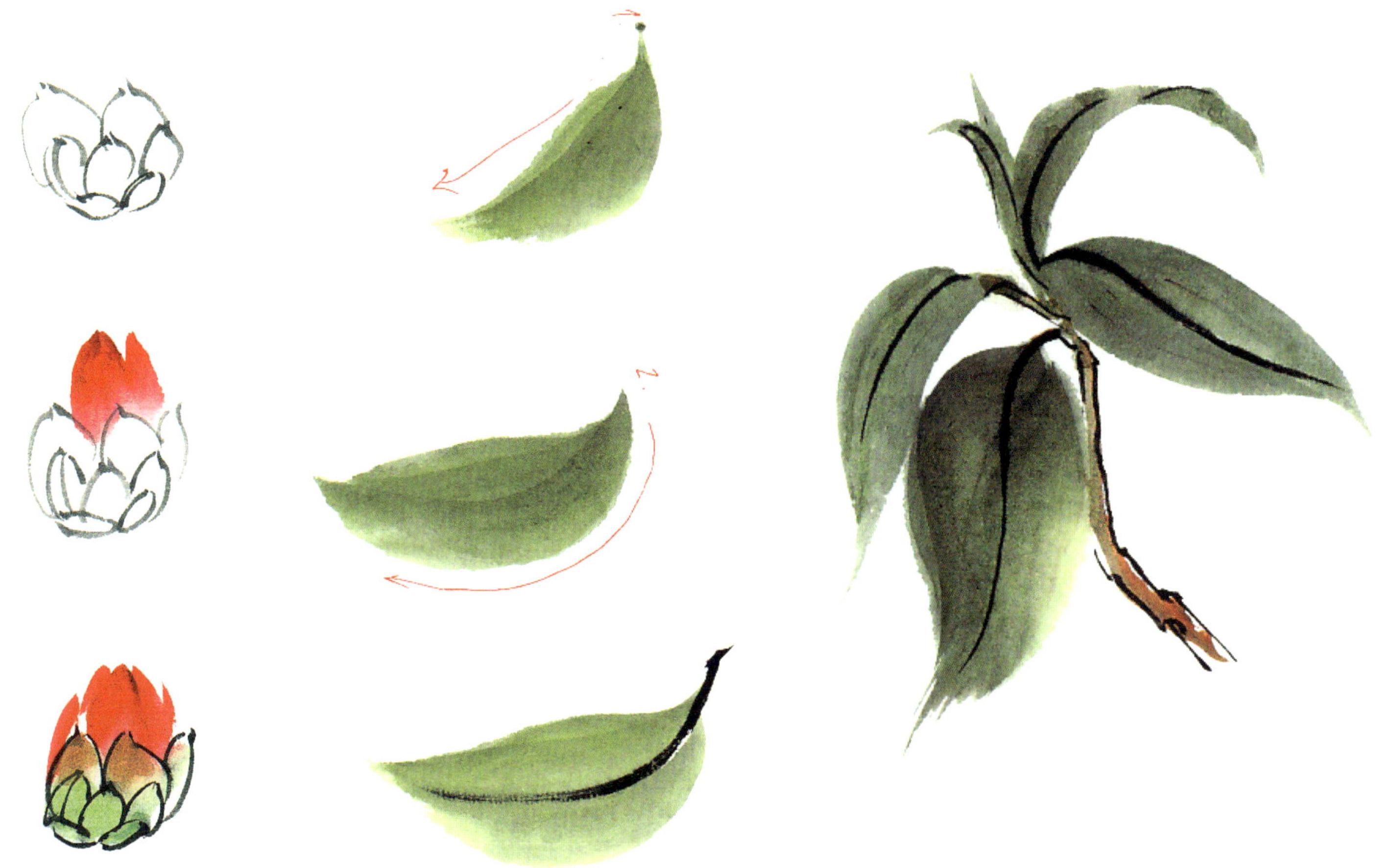

Knospen

Mit einem dünnen Pinsel zeichnen Sie im Umriss mit Tusche den Ansatz der Knospen, füllen Sie diesen mit Grün aus und setzen Sie die Knospen mit Rot darauf.

Blätter und Stängel

Mischen Sie Gelb, Indigo und Tusche. Die Blätter der Kamelie sind dunkler als normale Blumenblätter, daher können Sie mehr Tusche auf den Pinsel nehmen. Das eiförmige Blatt wird durch zwei breite Striche aufgesetzt. Bei den jungen Blättern, die sich meistens aus Gruppen von 4 bis 5 Blättchen zusammensetzen, sollte besonders der perspektivische Aspekt bedacht werden. Jetzt verbinden Sie die Blätter und Blüten mit dem Stängel. Mischen Sie Braun und Tusche im Pinsel und ziehen Sie einen langen Strich von unten nach oben. Beachten Sie, dass der untere Teil des Stängels breiter als der obere ist. Die Abzweigungen werden in dünnen Linien gemalt.

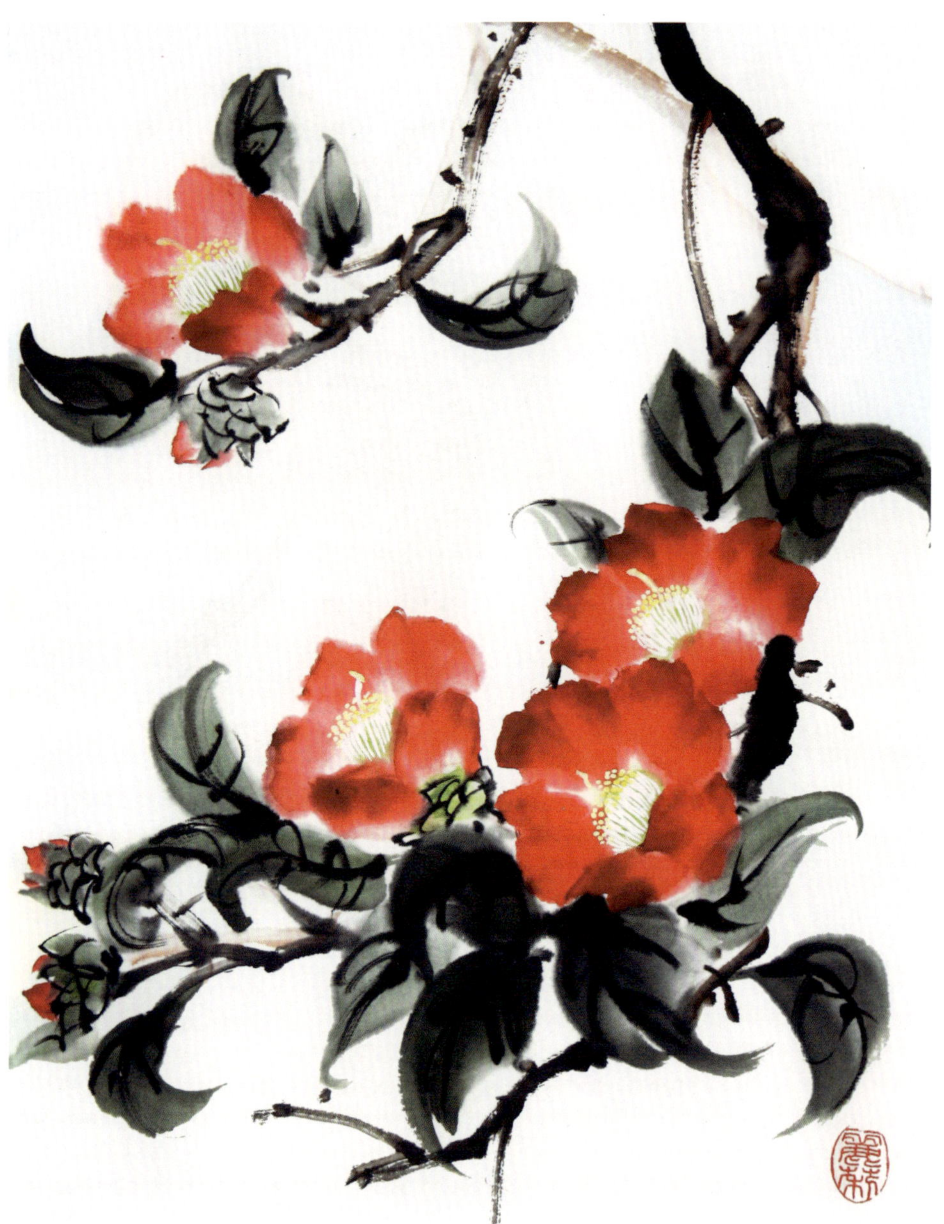

HINWEISE

- *Die grünen Blätter sollten locker und dynamisch angeordnet werden, damit sie lebendig erscheinen. Um die Farbe der Staubgefäße intensiv hervorzuheben, können Sie die gleiche Farbe zweimal auftragen.*

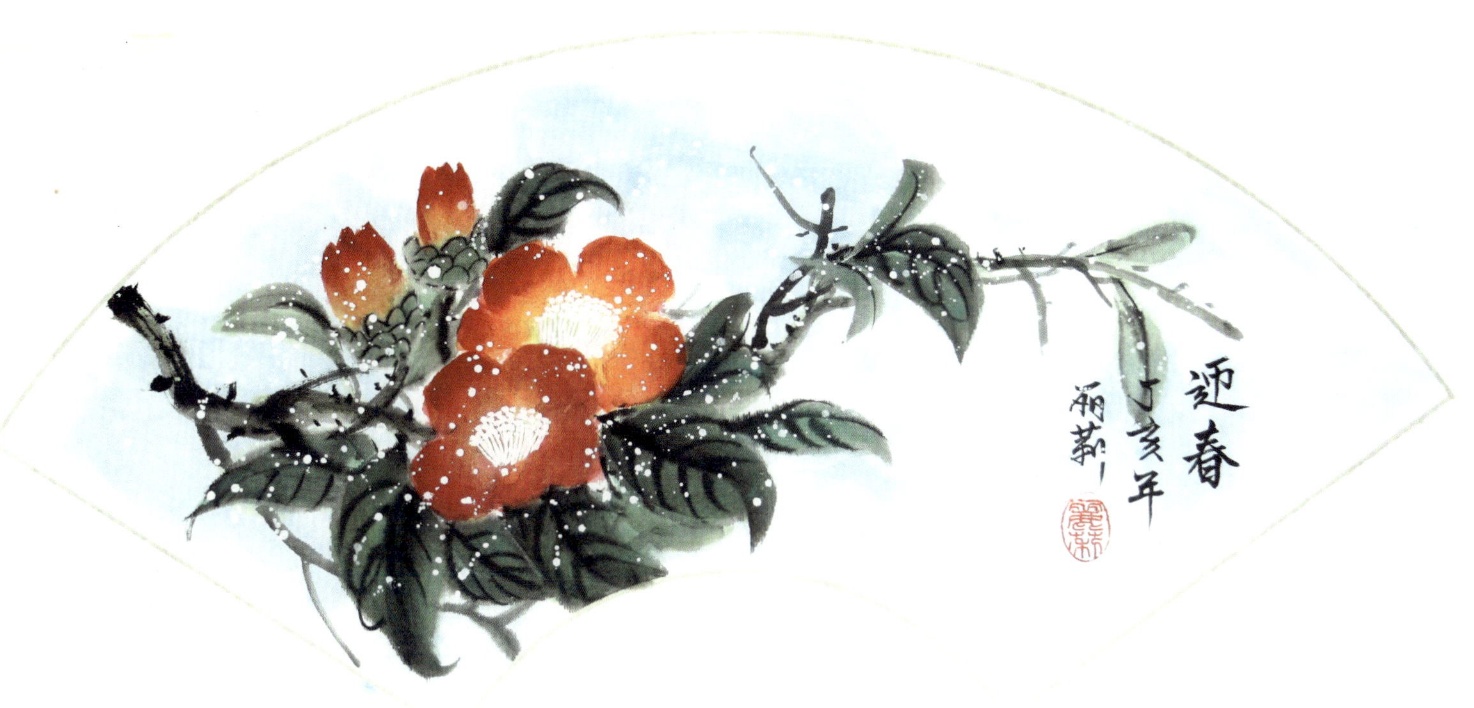

Königin des Winters

PFLAUMENBLÜTEN

Pinsel

Blüten: Weiße-Wolken-Pinsel Nr. 2
Stängel: Mittlerer Wieselhaarpinsel

Farben

Blüten:
• Karminrot, • Scharlachrot, • Rouge
Stängel: • Tusche

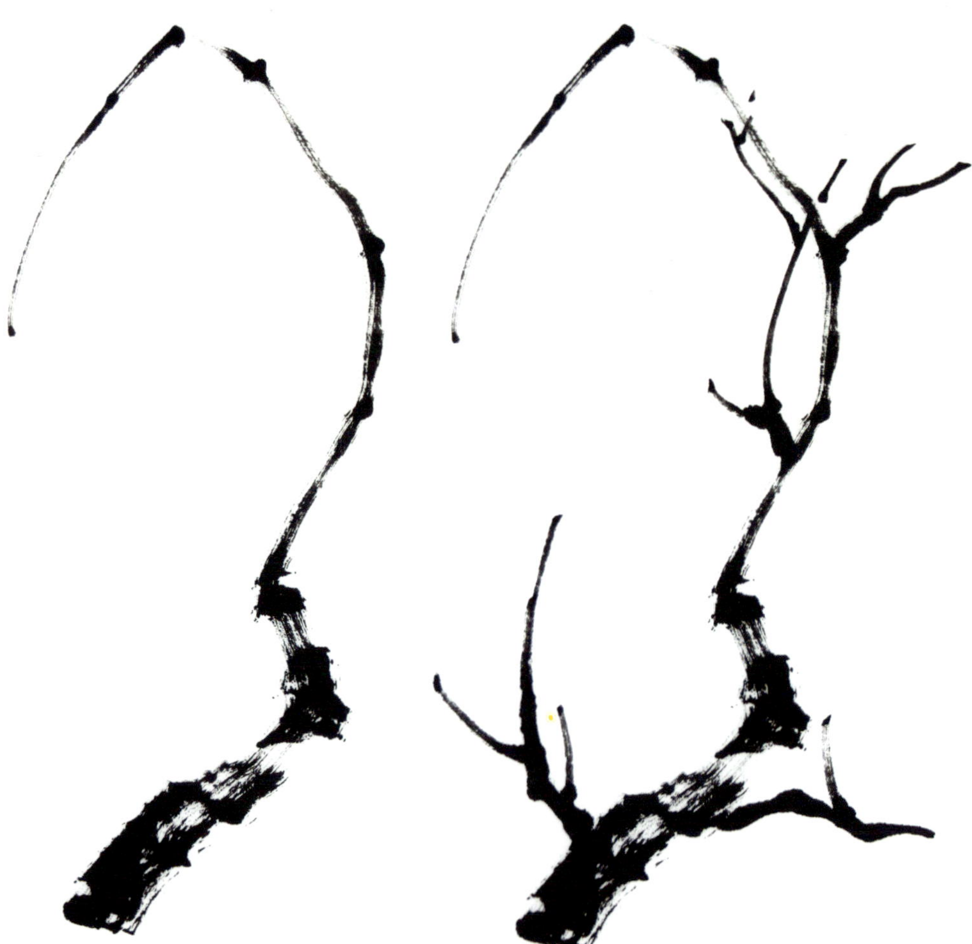

Äste

Bevor Sie mit der Pflaumenblüte beginnen, malen Sie als Erstes die Äste. Tauchen Sie den Pinsel direkt in die Tusche, streifen Sie die überschüssige Tusche auf dem Teller ab, um so die genaue Menge an benötigter Farbe zu erhalten. Jetzt halten Sie den Pinsel schräg, ziehen ihn von unten nach oben und variieren Sie dabei die Pinselhaltung von schräg bis senkrecht, so entsteht die charakteristische Form des Astes der Pflaumenblüte.

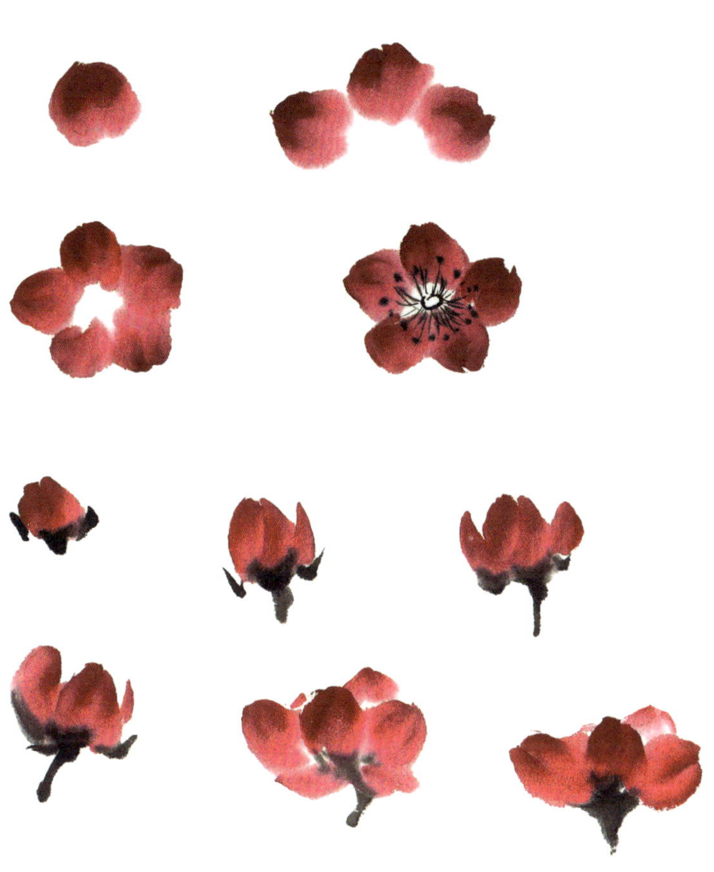

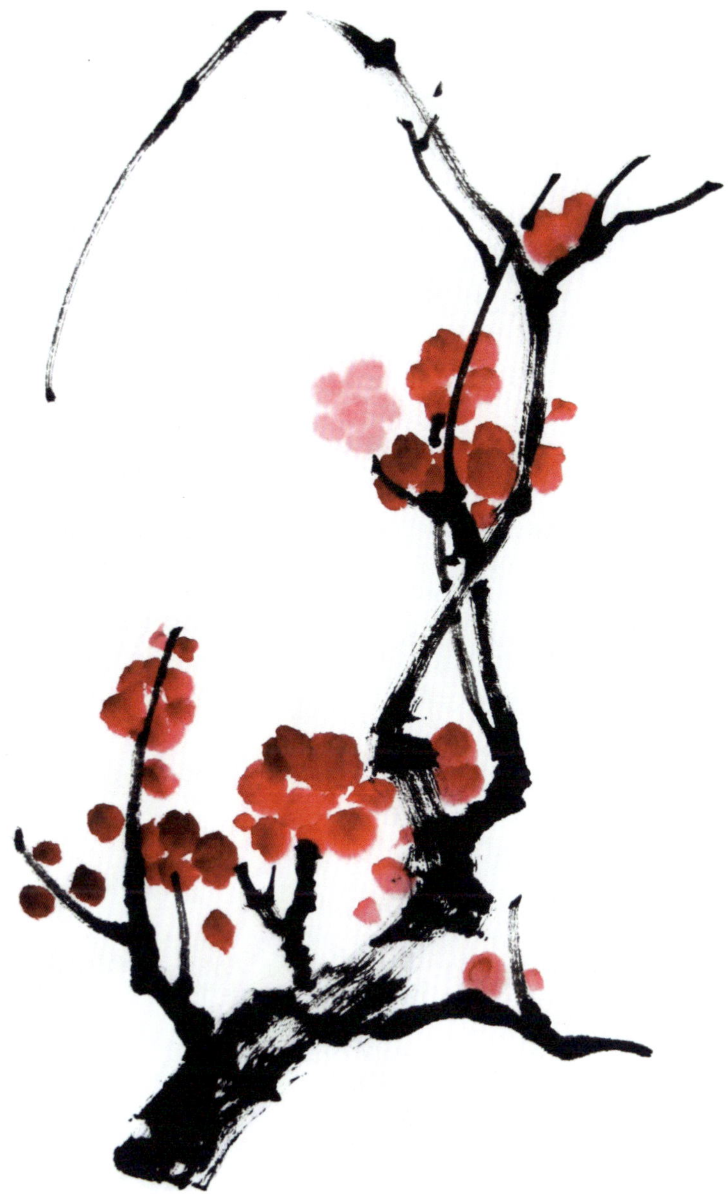

Blüten

Die Mischung besteht aus Scharlachrot, Karminrot und Rouge. Die Malweise ist die gleiche wie für die Kamelie, nur verwenden Sie für die Pflaumenblüten einen kleineren Pinsel. Denken Sie daran, dass die Pflaumenblüten um die Äste herum nach allen Richtungen in kleinen Gruppen oder einzeln anzuordnen sind; auch können sie sich überlappen. Nachdem die Blütenblätter getrocknet sind, fügen Sie mit feinem Pinsel die Staubgefäße hinzu.

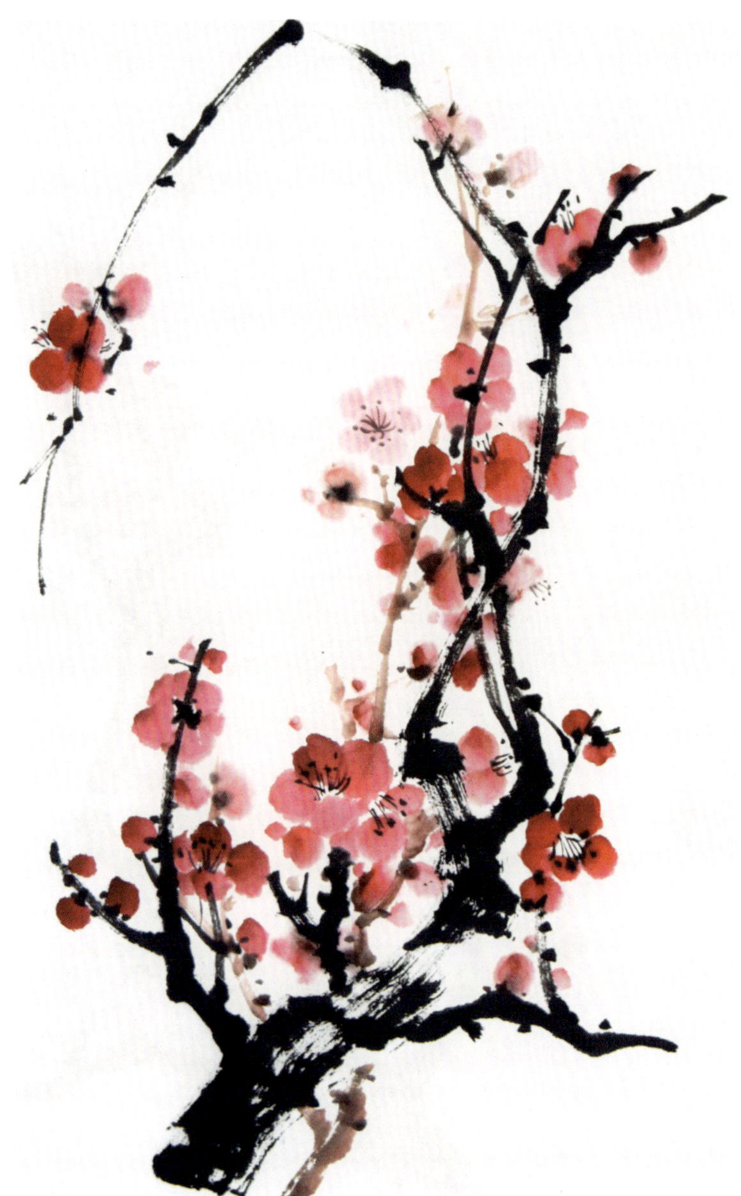

HINWEISE

• *Variieren Sie sowohl den Abstand bei der Blütenanordnung, als auch die Farbe, um das Bild dynamisch erscheinen zu lassen. Die Blüten, die im Vordergrund erscheinen, werden zuerst gemalt. Die Blüten, die von den Ästen verdeckt im Hintergrund erscheinen, werden in einem helleren Farbton hinzugefügt.*

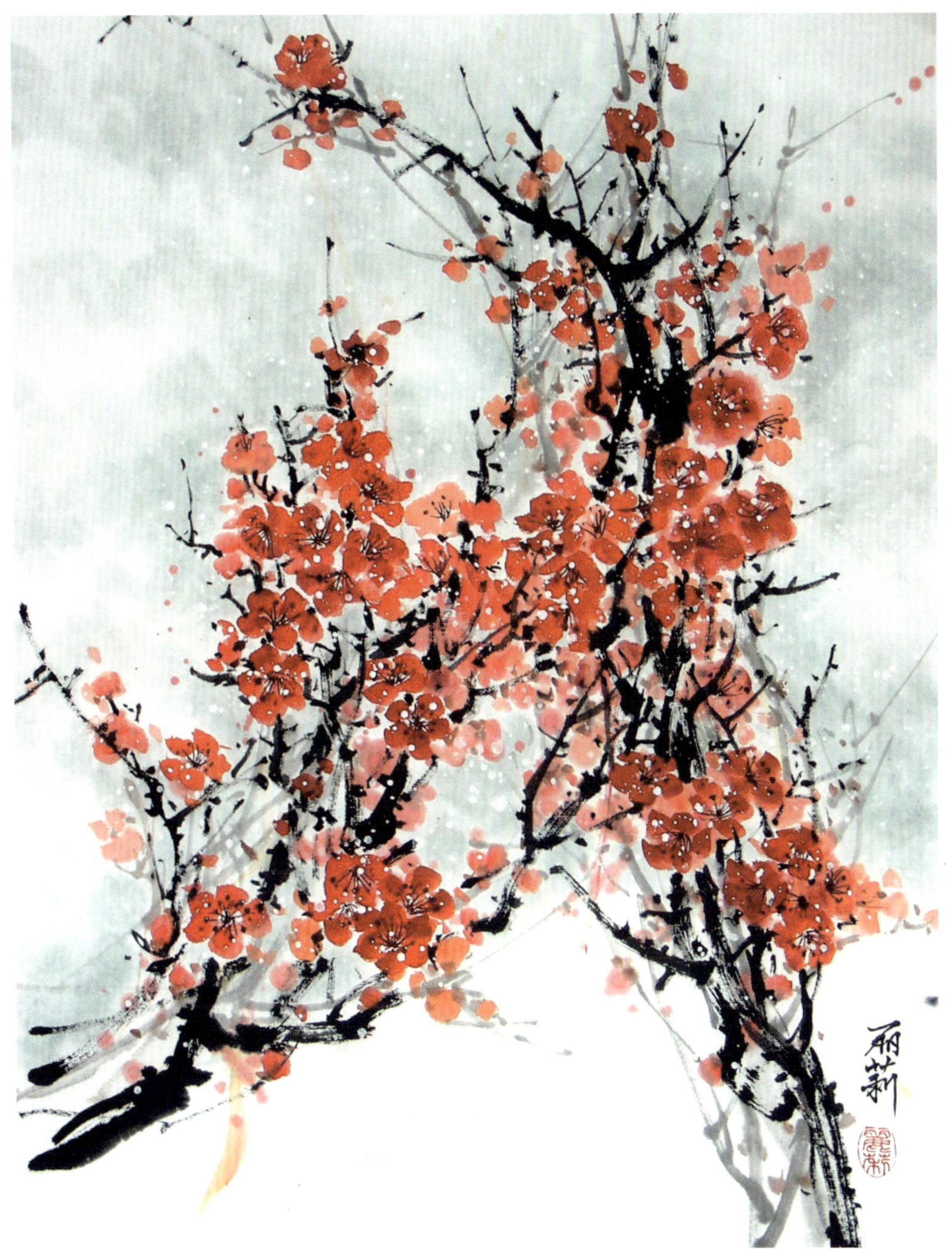

Frühlingsbote

GLYZINIEN

Pinsel

Blüten und Blätter:
Weiße-Wolken-Pinsel Nr. 1
Stängel: Kleiner Wieselhaarpinsel

Farben

Blüten:
○ Titanweiß, ● Karminrot, ● Phthaloblau
Blätter:
● Gelb, ● Indigoblau, ● Rouge, ● Tusche
Stängel: ● Braun, ● Tusche

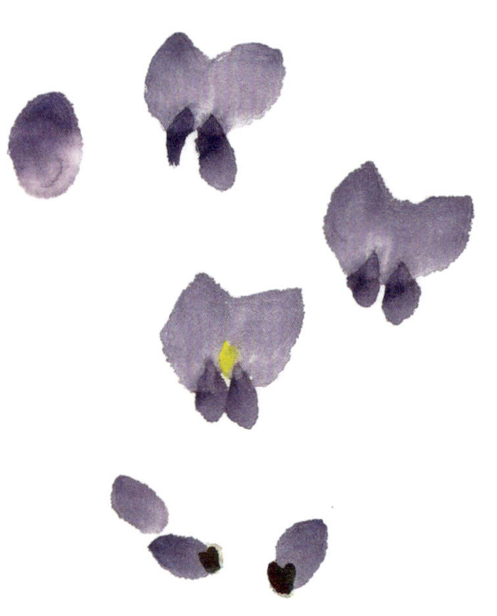

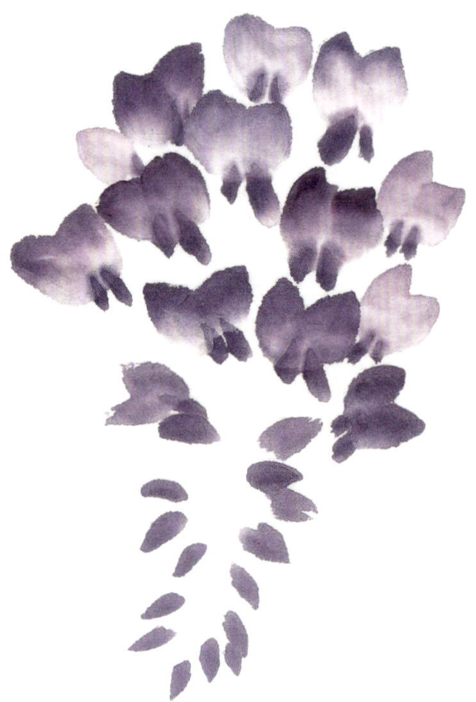

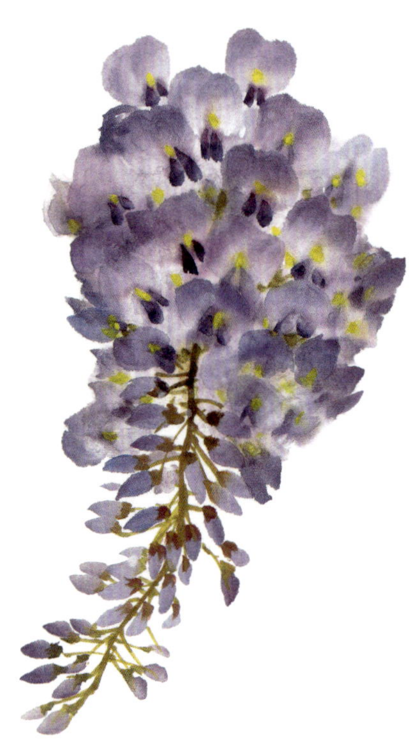

Blüten

Tauchen Sie den Pinsel in Violett, welches aus Weiß, Karminrot und Phthaloblau gemischt wird. Halten Sie den Pinsel schräg mit der Spitze nach oben, nun drücken Sie ihn sanft nach unten, und direkt neben dem ersten Strich fügen Sie den zweiten dazu. Durch die beiden Striche entsteht ein herzförmiges Blatt, das den oberen Teil der einzelnen Blumenblüten bildet. Bevor Sie zum unteren Teil der Blüten gehen, nehmen Sie erst etwas dunkleres Violett in die Pinselspitze auf und fügen Sie zwei kleinere Striche unter den ersten Strichen hinzu. Während die Striche noch feucht sind, geben Sie Gelb in die Mitte der Blüte und dann gruppieren Sie weitere Blütchen wie die Form eines Bundes von Weintrauben an. Die Knospen werden durch Tupfen mit dem Pinsel angedeutet. Zum Schluss ziehen Sie die Linien, um die Stiele mit den Blüten zu verbinden.

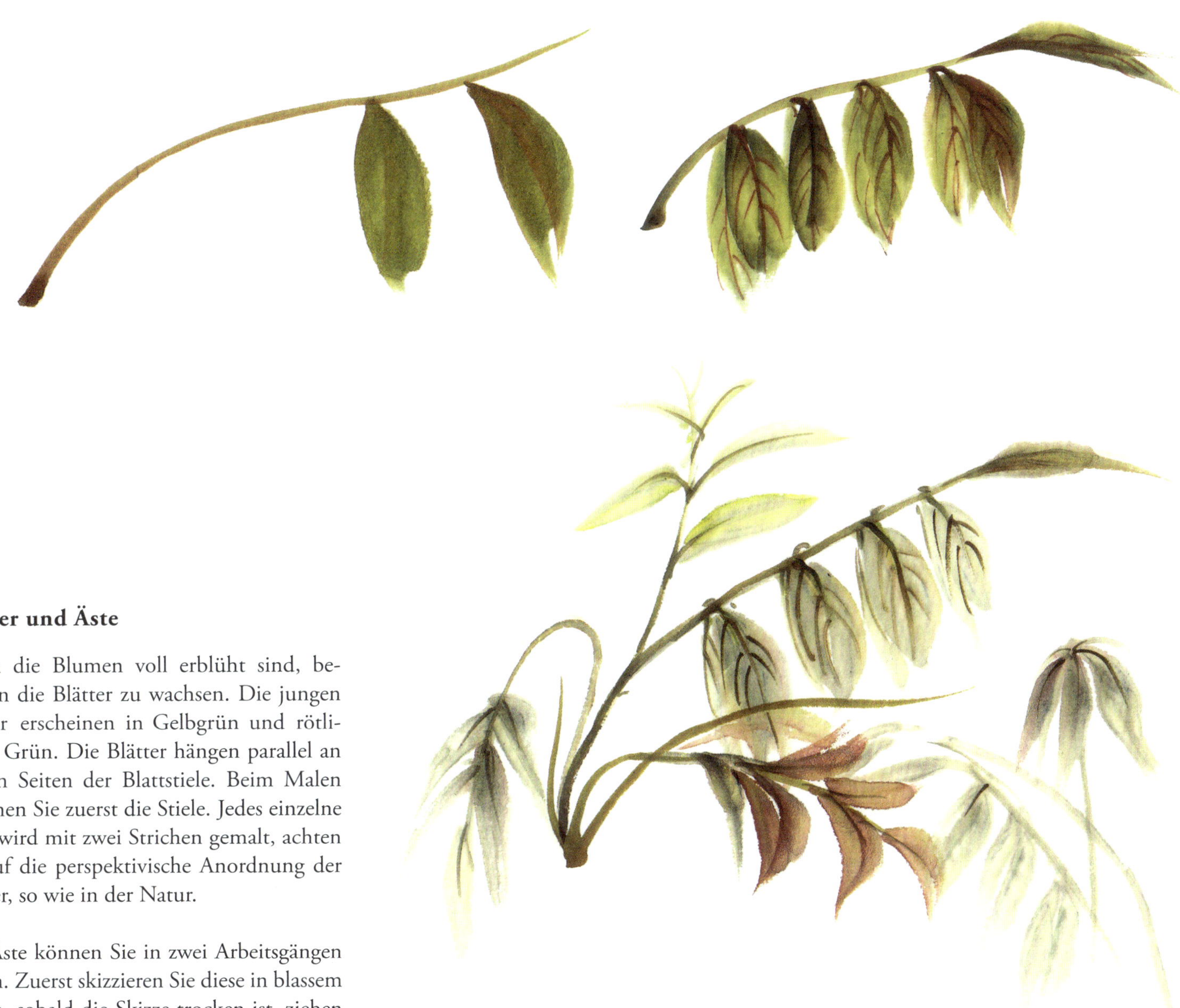

Blätter und Äste

Wenn die Blumen voll erblüht sind, beginnen die Blätter zu wachsen. Die jungen Blätter erscheinen in Gelbgrün und rötlichem Grün. Die Blätter hängen parallel an beiden Seiten der Blattstiele. Beim Malen zeichnen Sie zuerst die Stiele. Jedes einzelne Blatt wird mit zwei Strichen gemalt, achten Sie auf die perspektivische Anordnung der Blätter, so wie in der Natur.

Die Äste können Sie in zwei Arbeitsgängen malen. Zuerst skizzieren Sie diese in blassem Braun, sobald die Skizze trocken ist, ziehen Sie diese mit Tusche und Braun nach.

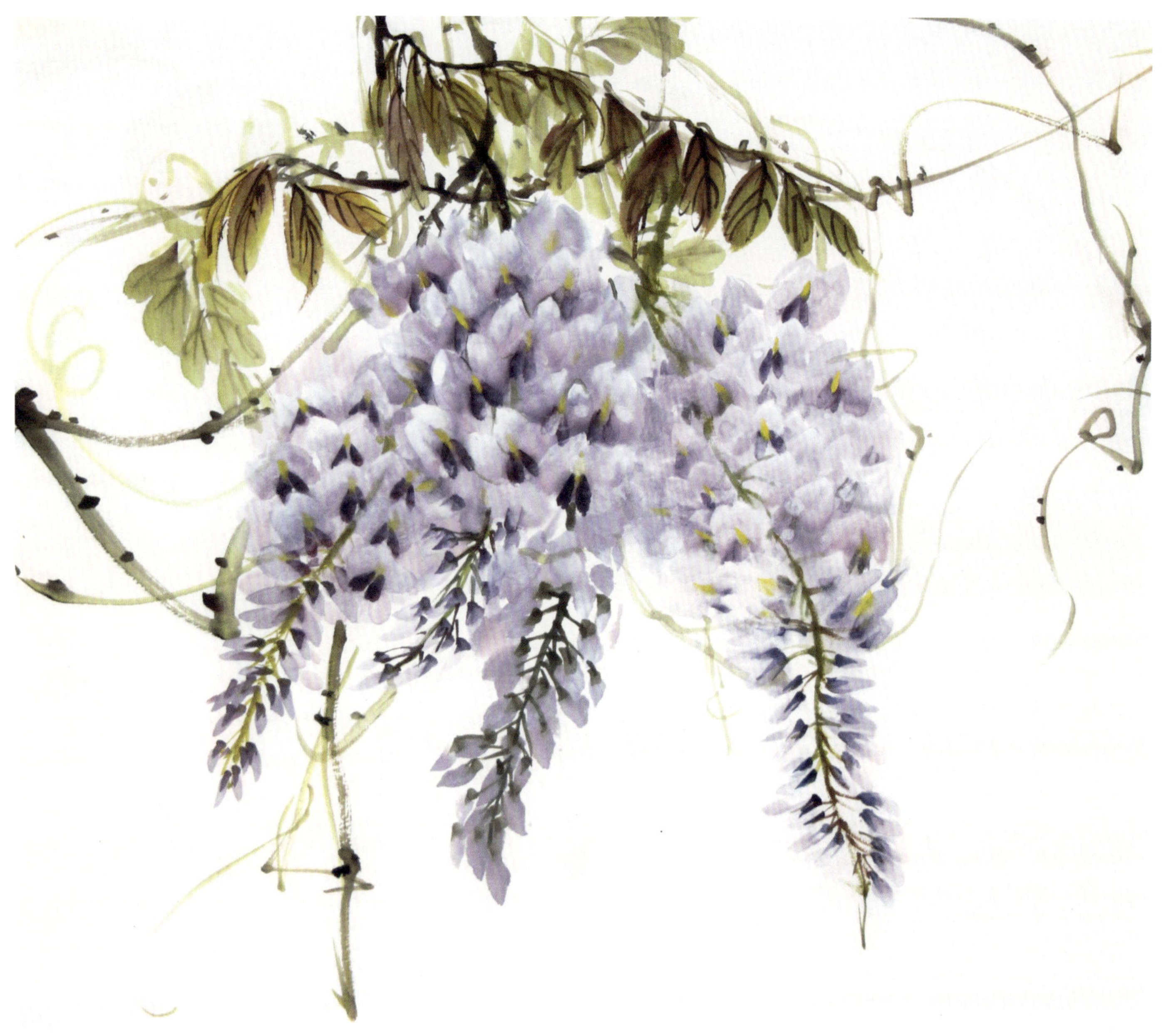

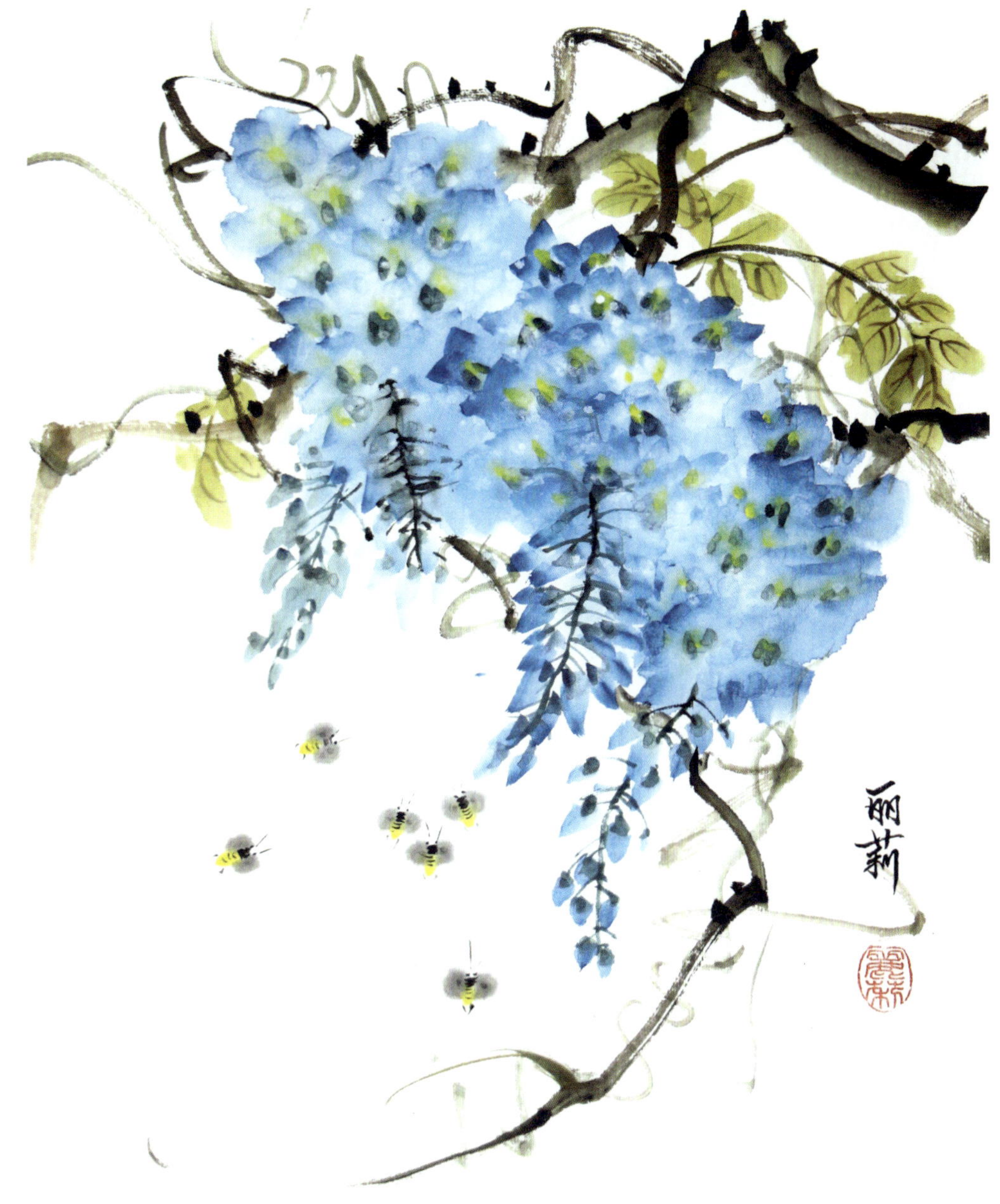

Der Duft schwebt in der Luft

HINWEISE

• *Die prächtig in großen Flächen erblühenden Glyzinien sind sehr ausdrucksvoll, man sieht sie sowohl von nah als auch von fern. Variieren Sie großzügig bei den Farben von Blau, Lila und Weiß und beachten Sie darauf, die Blütesträuße beweglich und lebendig anzuordnen.*

MANDELBLÜTEN

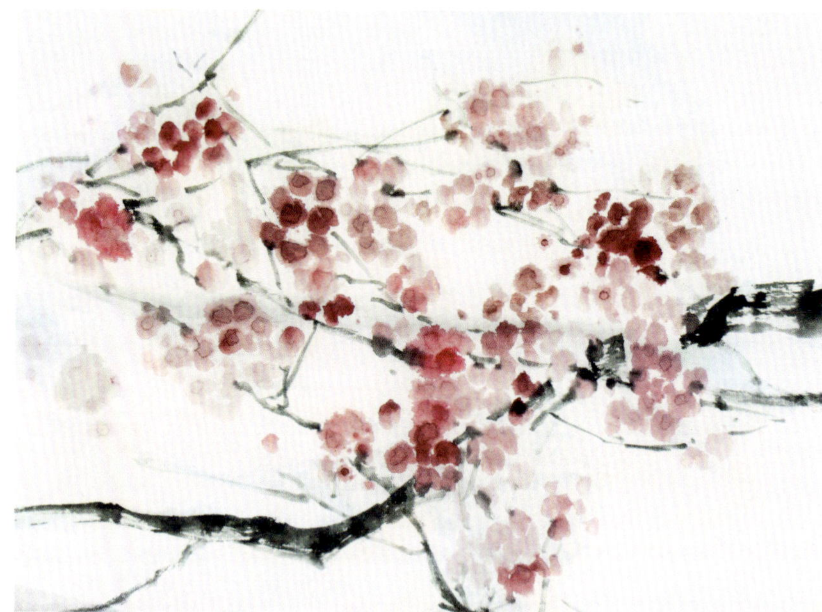

Pinsel

Blüten: Weiße-Wolken-Pinsel Nr. 1
Stängel: Mittler Wieselhaarpinsel

Farben

Blüten: ○ Titanweiß, ● Karminrot, ● Gelb
Äste: ● Tusche

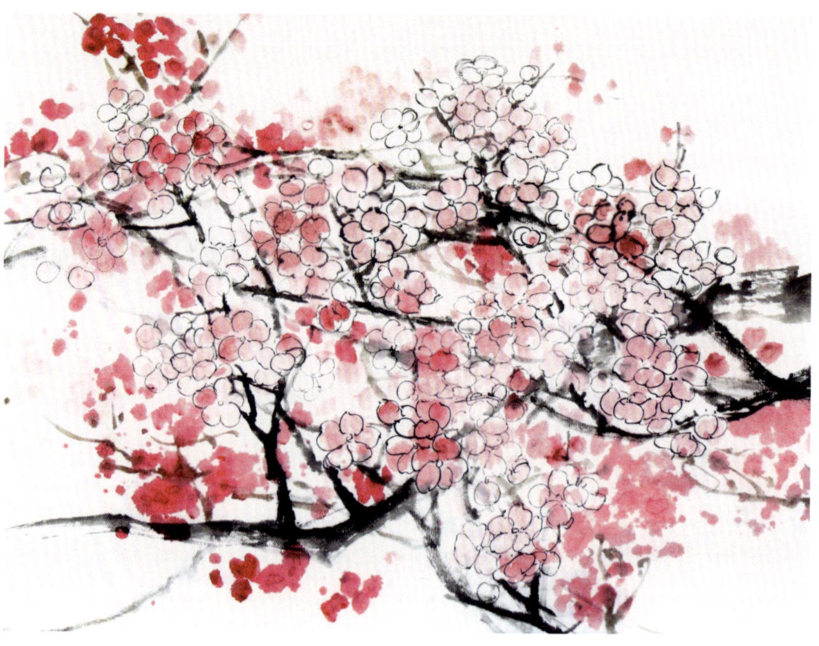

HINWEISE

- *Bei der Anordnung der Äste und Abzweigungen müssen deren Verlauf und die Richtung genau berücksichtigt werden.*

- *Es ist darauf zu achten, wo der Ast herkommt und wohin er verläuft, damit man keine Schwierigkeiten mit den Abzweigungen hat.*

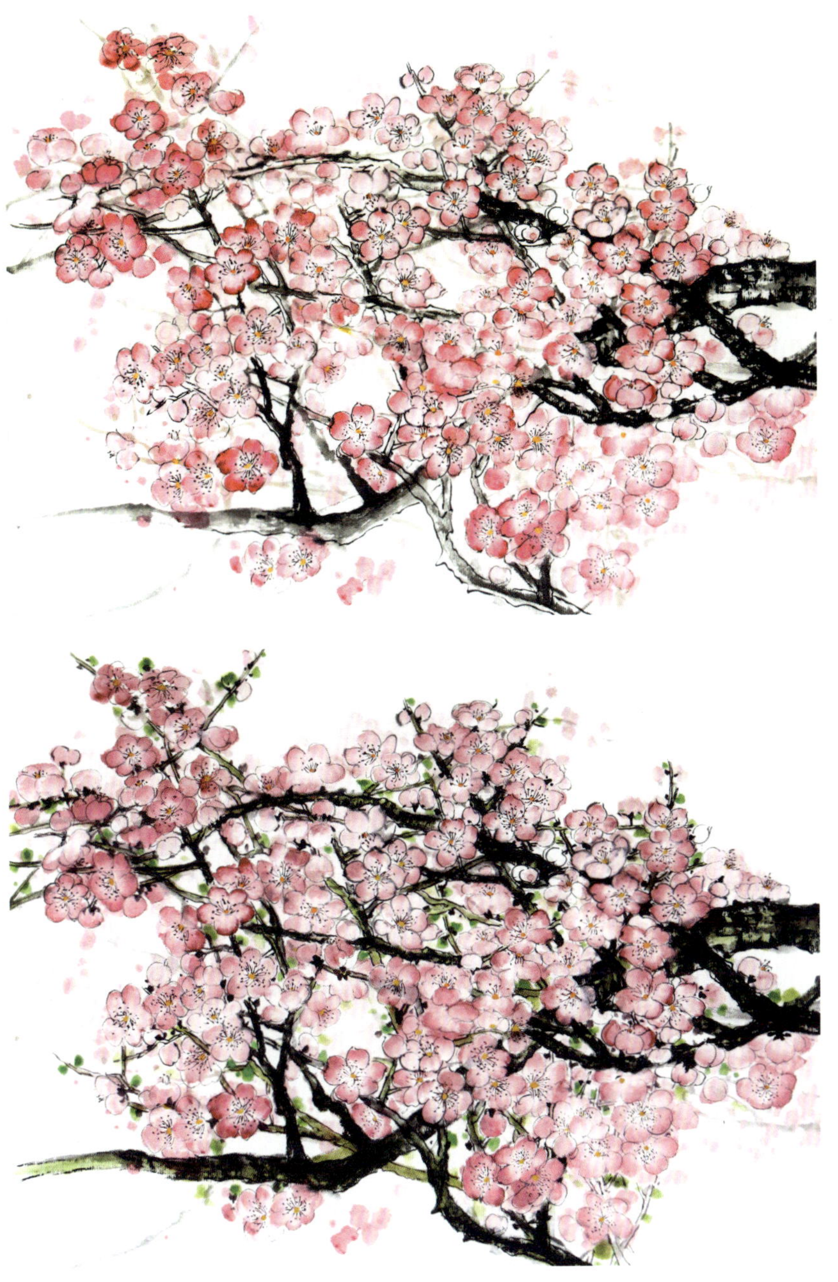

Blüten

Der Malprozess der Mandelblüten ist ähnlich wie für die Pflaumenblüten. Nur unterscheiden sie sich hierbei in der Farbmischung. Mandelblüten sind Weiß und Rosa.

Zuerst mischen Sie ein wenig Braun und Tusche auf den Pinsel, ziehen Sie die Linien für die Hauptäste in stockender Pinselführung, um den knorrigen Effekt der Äste anzudeuten.

Nehmen Sie Weiß in den Pinsel und ganz wenig Karminrot in die Spitze des Pinsels; malen Sie jetzt eine Blüte aus fünf Blättchen, ordnen Sie diese dicht um die Äste herum an und variieren Sie mit schönen Farben und verschiedenen Blickwinkeln.

Um die Blüten noch räumlicher zu erscheinen zu lassen, können Sie diese in dünnen Linien umranden und mit Weiß und Karminrot mehrmals schattieren.

Fügen Sie die dünnen Abzweigungen hinzu, um eine Verbindung zwischen Ästen und Blüten herzustellen. Tupfen Sie ein paar grüngelbliche Pünktchen für die jungen Blätter hinzu, um den Eindruck zu erwecken, als fingen sie an zu treiben.

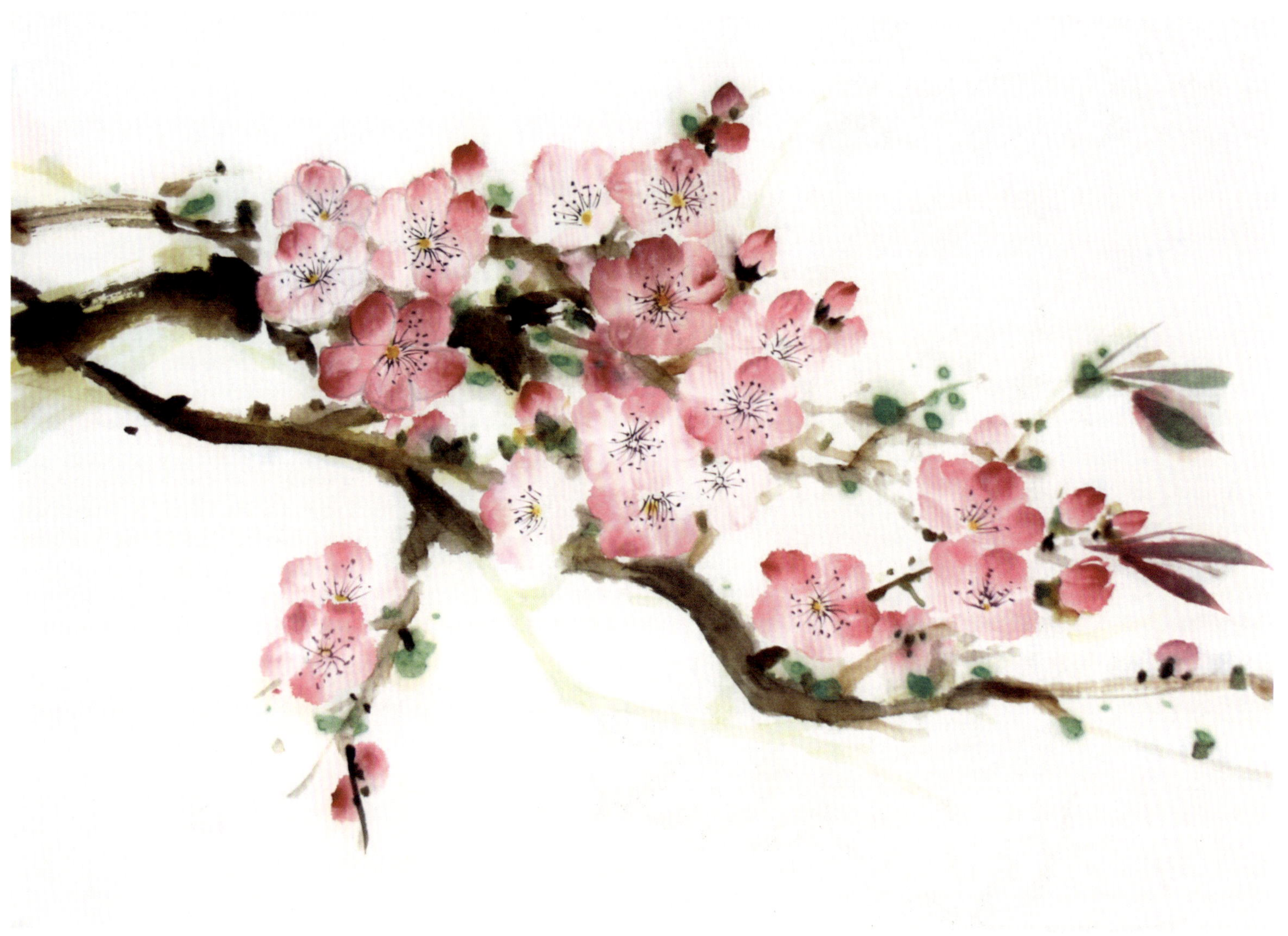

Die Erinnerung von der Insel

MAGNOLIEN

Pinsel

Blüten: Weiße-Wolken-Pinsel Nr. 1
Stängel: Mittlerer Wieselhaarpinsel

Farben

Blüten: ● Karminrot, ● Phthaloblau
Äste: ● Braun, ● Tusche

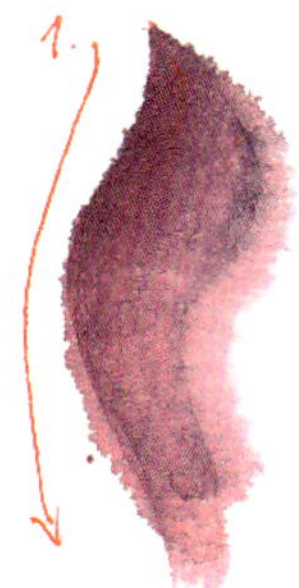

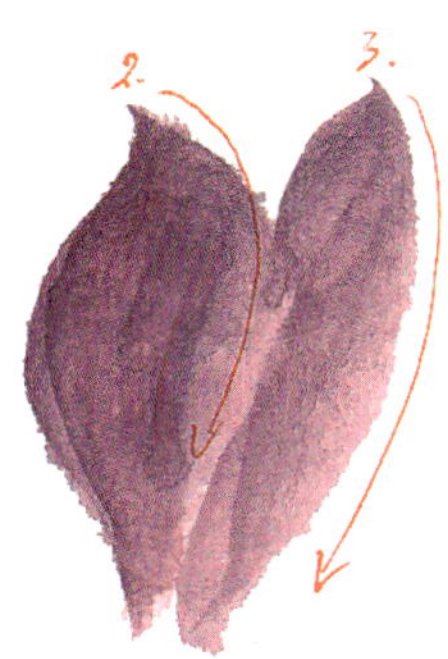

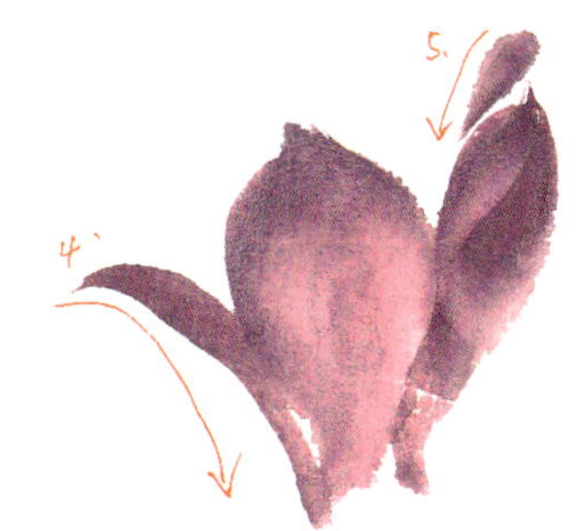

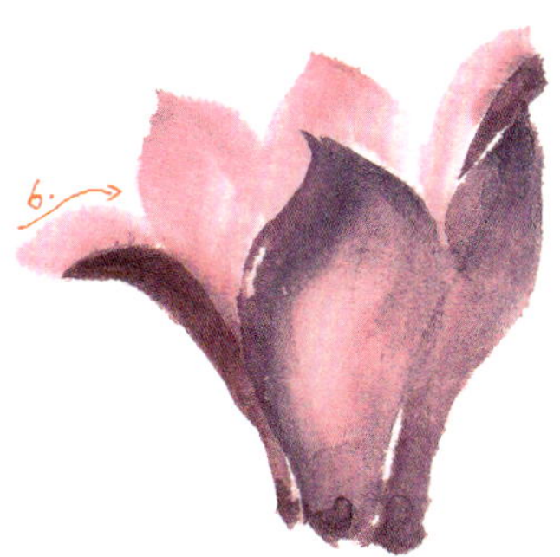

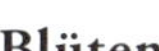

Blüten

Mischen Sie Phtaloblau und Karminrot im Pinsel, so erhalten Sie die Abstufung für Violett. Halten Sie den Pinsel mit der Spitze nach oben und malen Sie den ersten Strich eines Blütenblattes, fahren Sie in der oben gezeigten Reihenfolge fort und fügen Sie weitere Blütenblätter hinzu.

Für das innere Blütenblatt tauchen Sie die Pinselspitze leicht in Wasser, damit der Farbton im Pinsel etwas abgeschwächt wird. Nun malen Sie die helleren Stellen der Blüten weiter. Durch diese Abstufung erscheinen die Magnolienblüten plastischer.

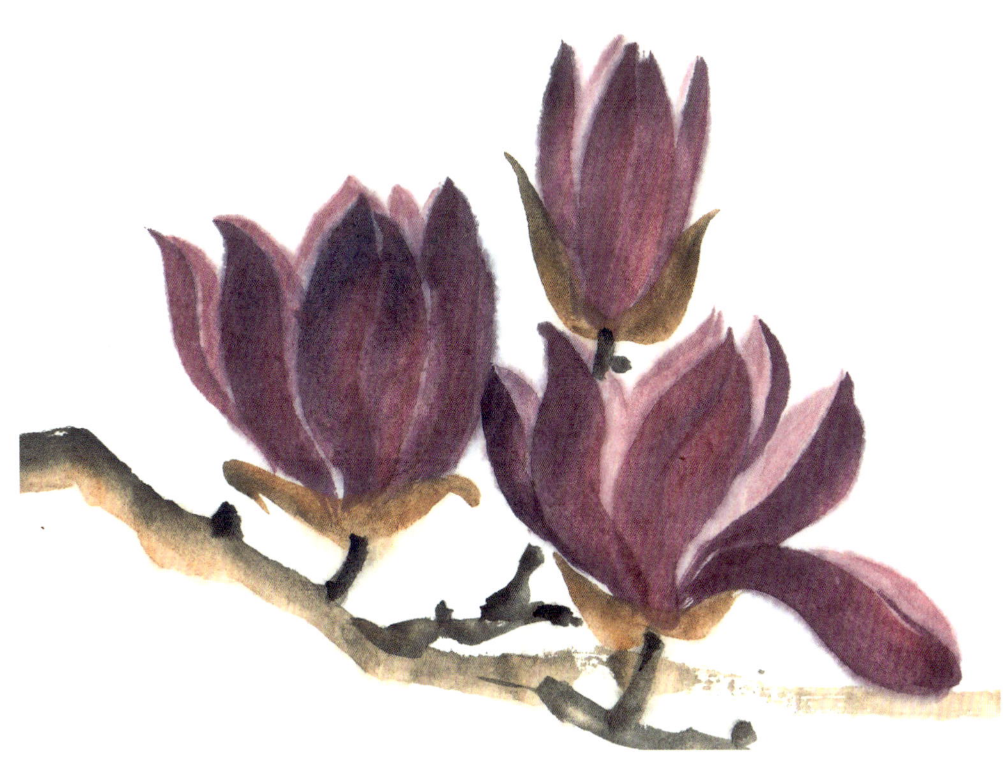

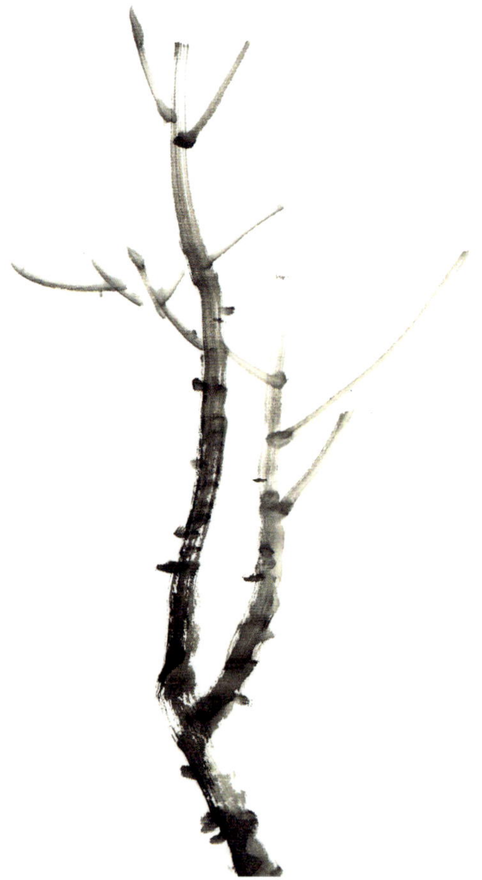

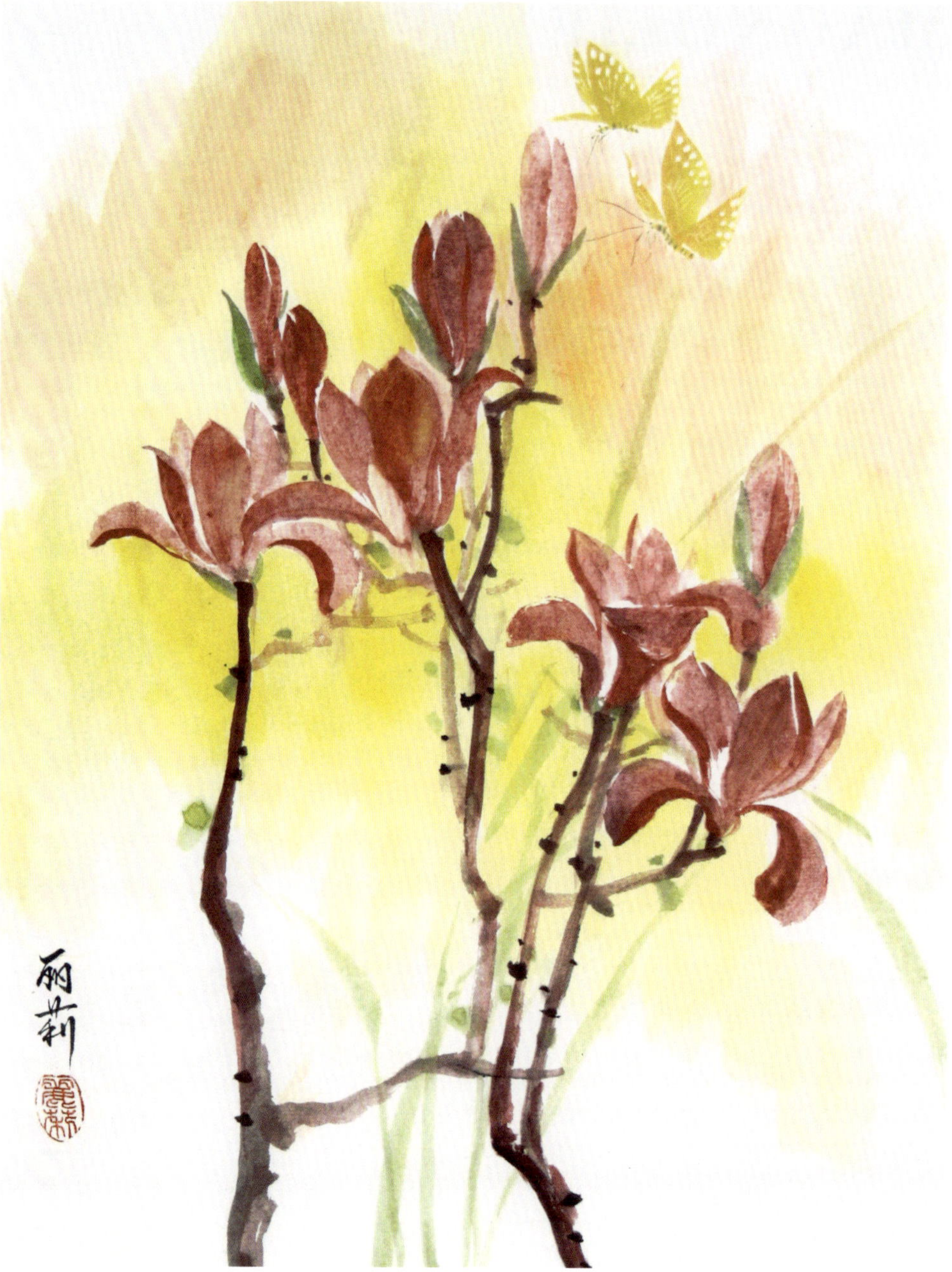

Äste

Mischen Sie Braun mit etwas Wasser in den Pinsel und tauchen Sie den Pinsel mit der Spitze ein wenig in Tusche, dadurch wird die Farbe leicht abgedunkelt. Halten Sie den Pinsel mit der Spitze nach unten und ziehen Sie die Linien für die dicken Äste in stockender Pinselführung von unten nach oben. Dadurch kommt ihre charakteristische Struktur zur Geltung.

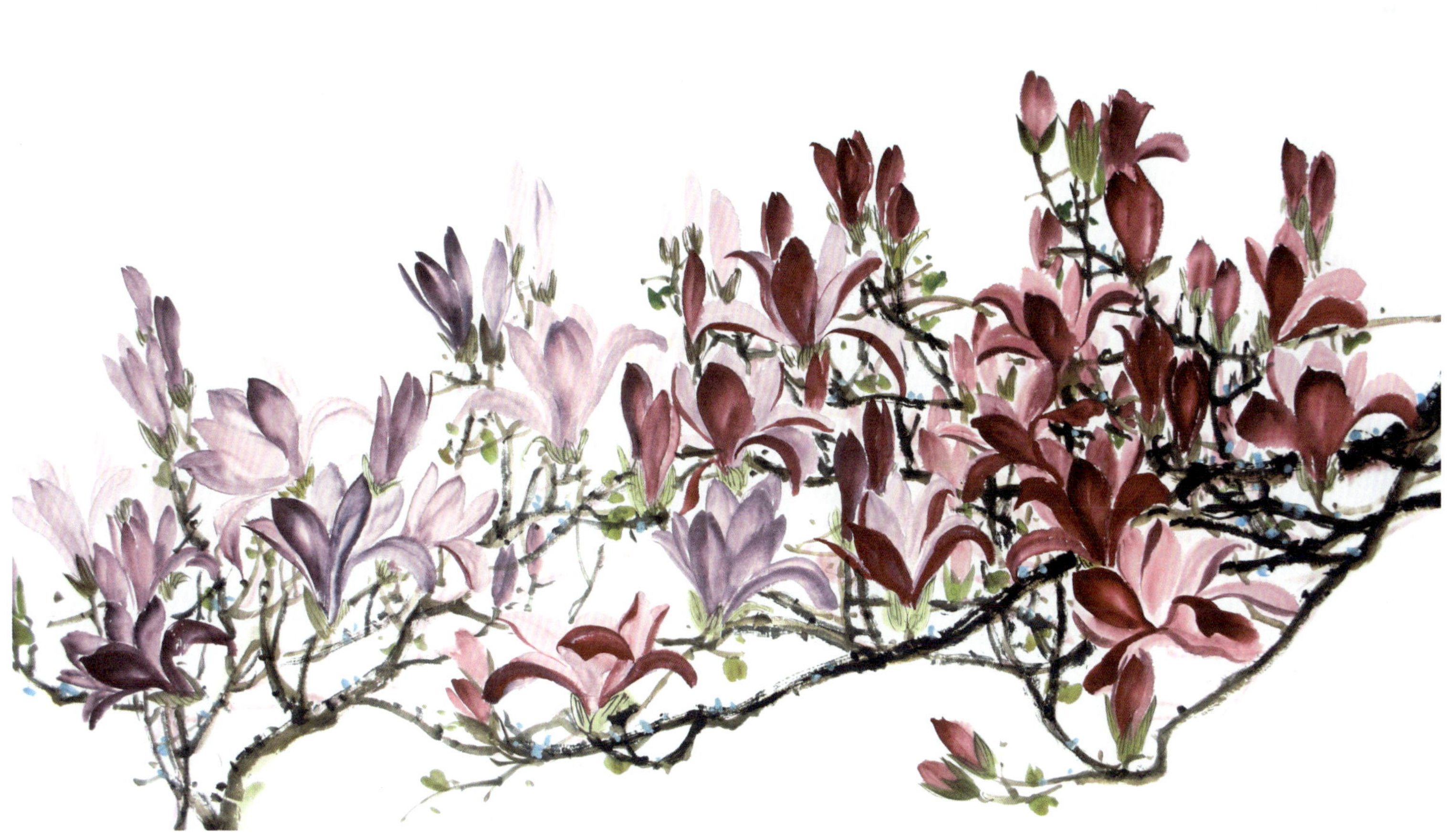

Die Stadtblumen meiner Heimat

ROSEN

Pinsel

Blüten: Ziegenhaarpinsel Nr. 5
Blätter: Weiße-Wolken-Pinsel Nr. 1
Blätteradern: Kleiner Wieselhaarpinsel

Farben

Blüten:
• Scharlachrot, • Karminrot, • Rouge
Blätter: • Gelb, • Indigoblau
Stängel: • Braun, • Tusche

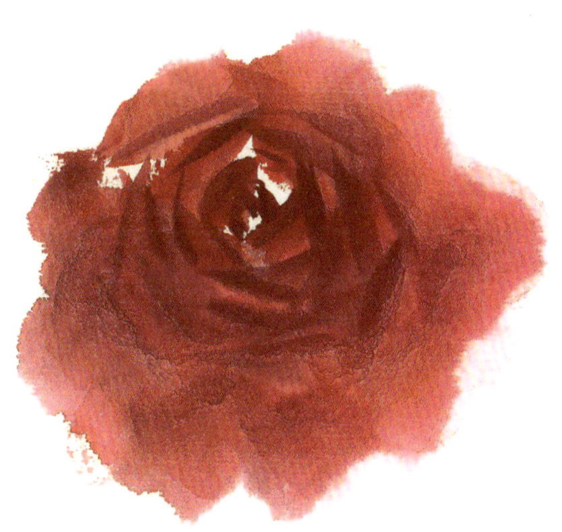

Blüten

Mischen Sie Scharlachrot, Karminrot und Rouge, so dass der Pinsel drei Abstufungen erhält. Halten Sie den Pinsel schräg mit der Pinselspitze nach oben und malen Sie zuerst die Rosenblüten von innen nach außen. Für die äußeren Blüten halten Sie den Pinsel etwas schräger; durch diese seitliche Haltung des Pinsels kommen die verschiedenen roten Farbtöne auf dem Papier besser zum Vorschein und lassen die Rosenblüten in reichen Farbabstufungen erscheinen. Während die erste Farbschicht noch feucht ist, fügen Sie Rouge auf die Blüten hinzu, um die Rosen plastisch hervorzuheben.

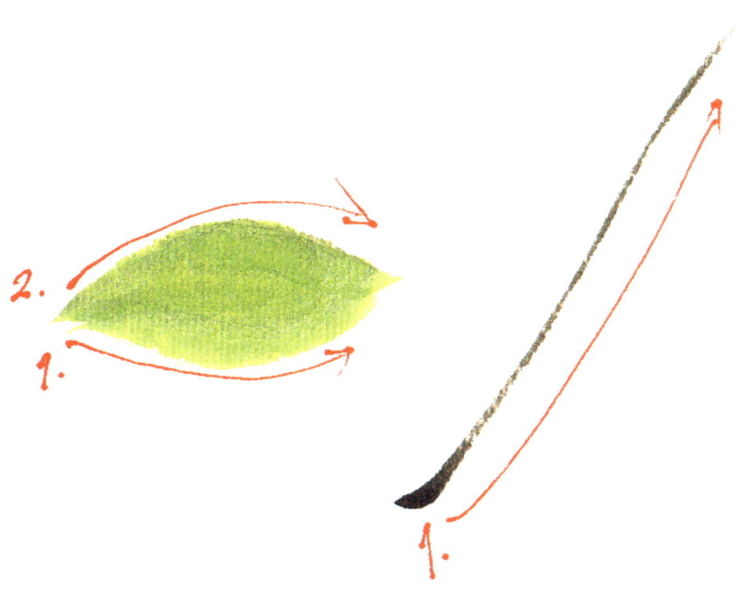

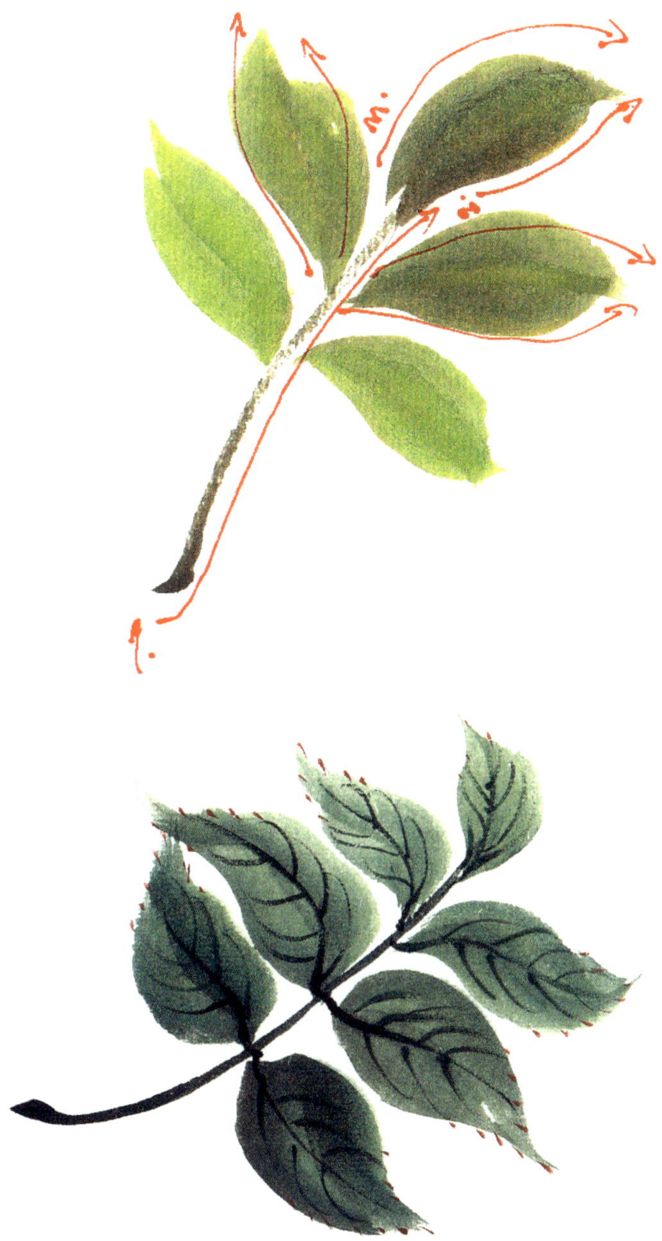

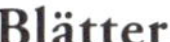

Blätter

Mischen Sie die Farbe in der gleichen Weise wie für die Glyzinienblätter. Mit dem schräg gehaltenen Pinsel malen Sie ein Blatt in zwei Strichen. Gruppieren Sie die Blätter nach und nach weiter. Bevor die Blätter getrocknet sind, zeichnen Sie mit einem kleinen Pinsel die Blattadern ein.

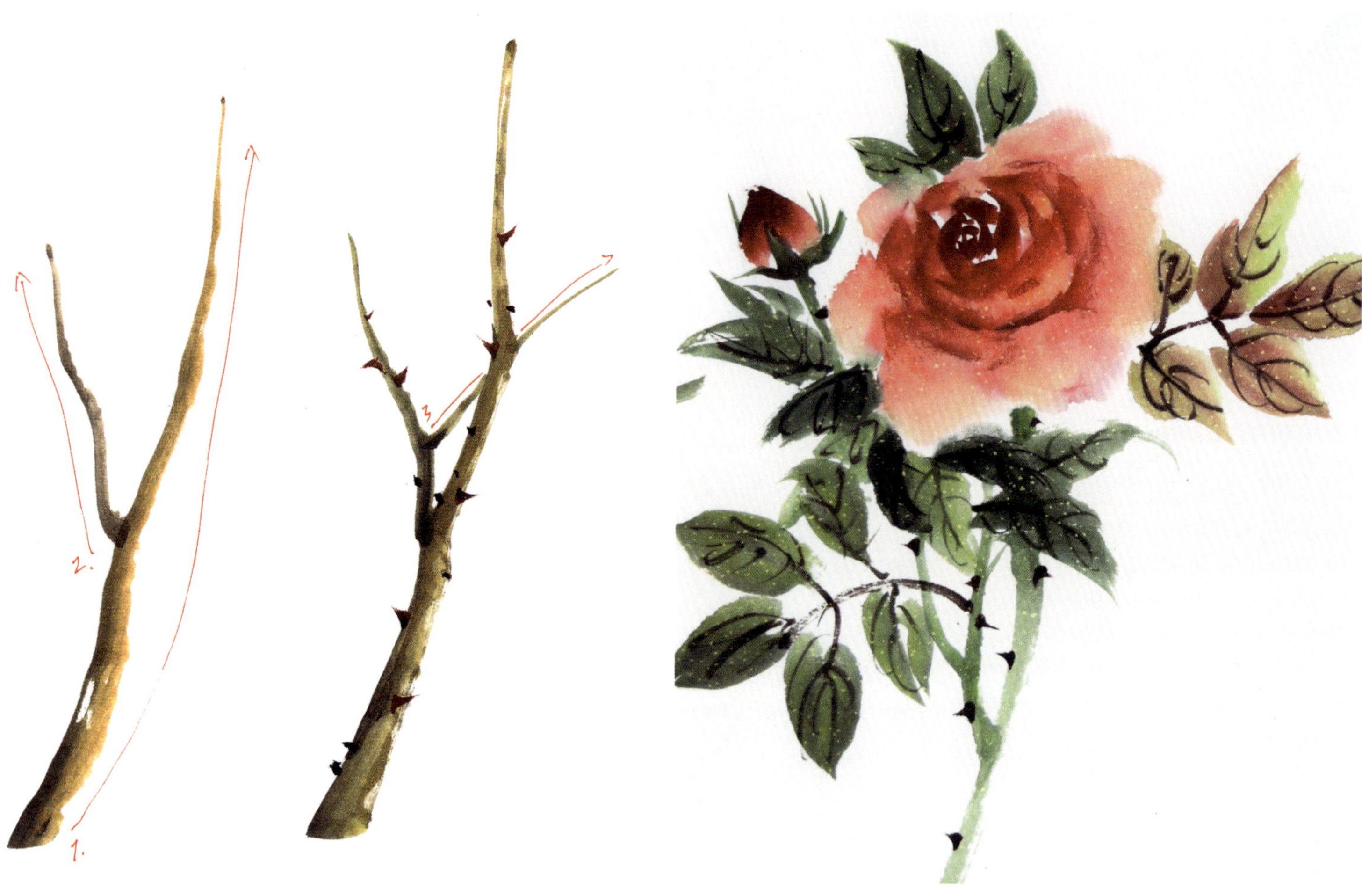

Stiele

Mit einem mittleren Wieselhaarpinsel ziehen Sie die Linien von unten nach oben in Braun und Tusche. Hier darf der Pinsel nicht zu viel Wasser haben. Zum Schluss fügen Sie am Rosenstiel die Dornen mit Rouge hinzu.

HINWEISE

- *Wenn die Farbe einmal auf dem Pinsel gemischt ist, malen Sie mit diesem Pinsel solange weiter, bis die Mischung aufgebraucht ist. Danach mischen Sie neu. Auf diese Weise entstehen schöne Farbtöne.*

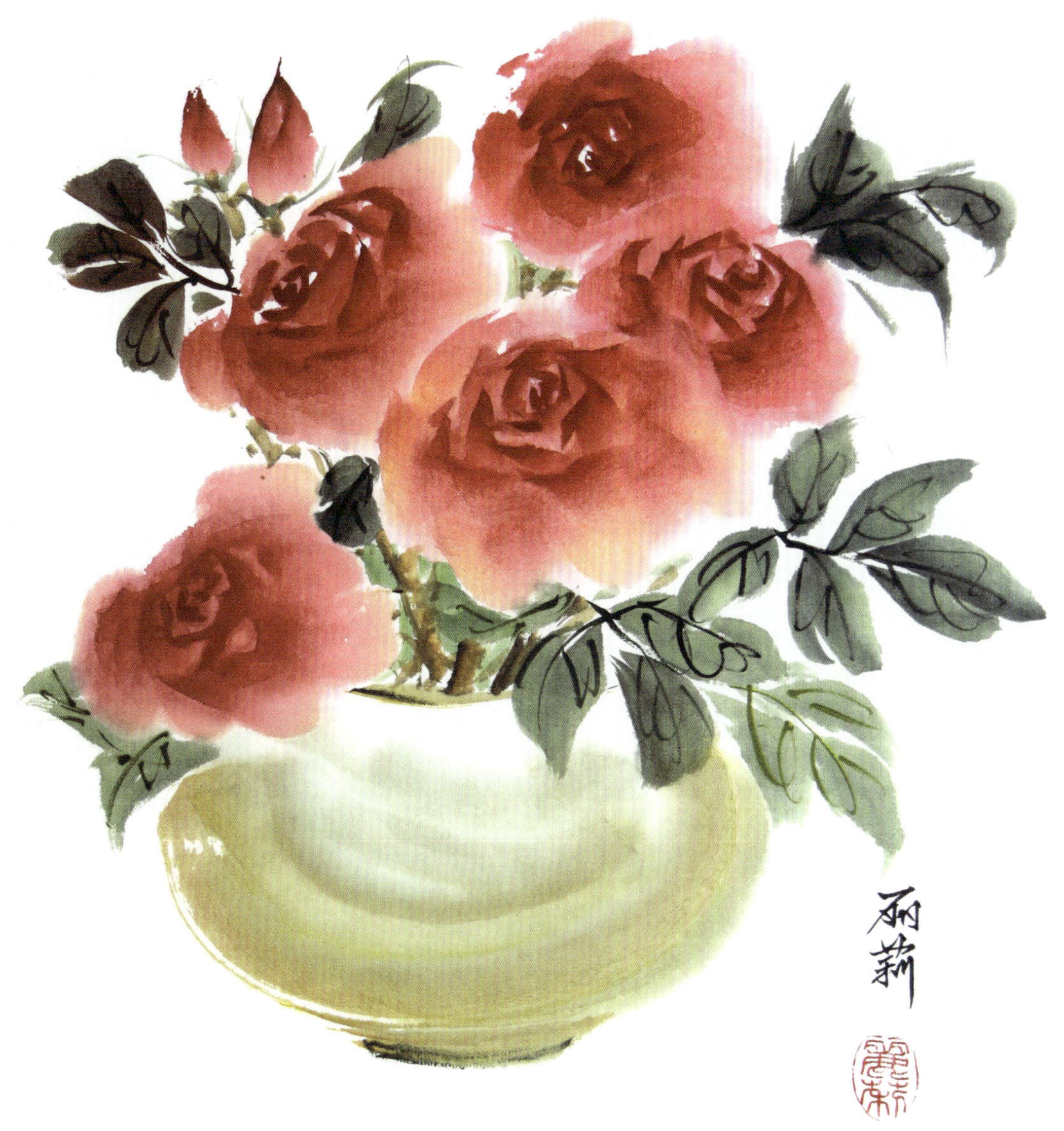

Ein Strauß für Dich

PFINGSTROSEN

Pinsel

Blüten: Ziegenhaarpinsel Nr. 5
Blätter: Ziegenhaarpinsel Nr. 3
Stängel: Mittlerer Wieselhaarpinsel

Farben

Blüten:
• Scharlachrot, • Karminrot, • Rouge
Blätter: • Gelb, • Indigoblau, • Tusche
Stängel: • Braun, • Tusche, • Gelb

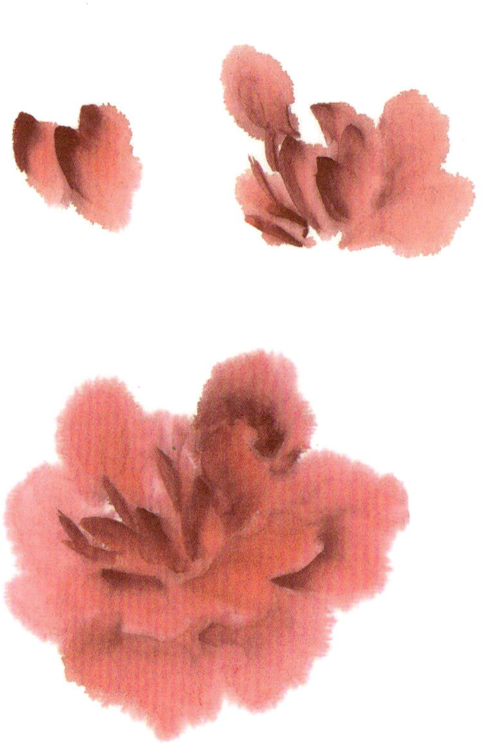

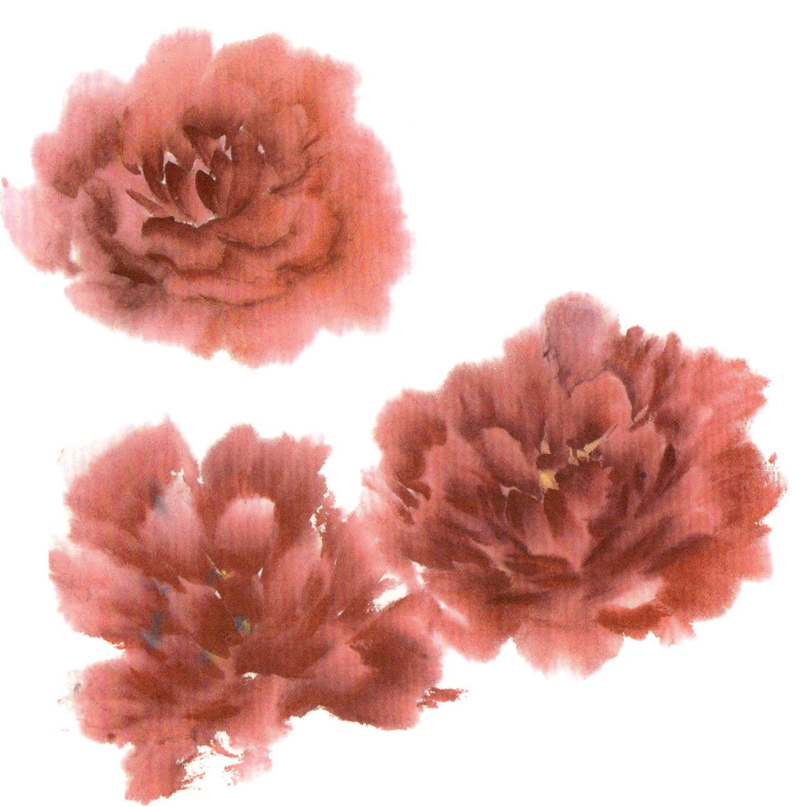

Blüten

Mischen Sie Scharlachrot und Karminrot im Pinsel, dann tauchen Sie die Pinselspitze in etwas Rouge. Halten Sie den Pinsel fast flach und ordnen Sie die Blütenblätter tupfend von der Mitte nach außen gehend dicht kreisförmig nebeneinander an. Versuchen Sie, die Blütenblätter in verschiedenen Rottönen zu malen.

Für die Hervorhebung der Form und der Farbnuancen der Blüten können Sie noch einmal Rouge in die Pinselspitze aufnehmen. Bringen Sie auf der noch feuchten Bildfläche kleine Pinselstriche an; so erhalten Sie eine räumliche Struktur der Pfingstrosenblüten. Abschließend geben Sie dicke gelbe Farbe in kleinen Punkten auf die Blüte, um so die Staubgefäße anzudeuten.

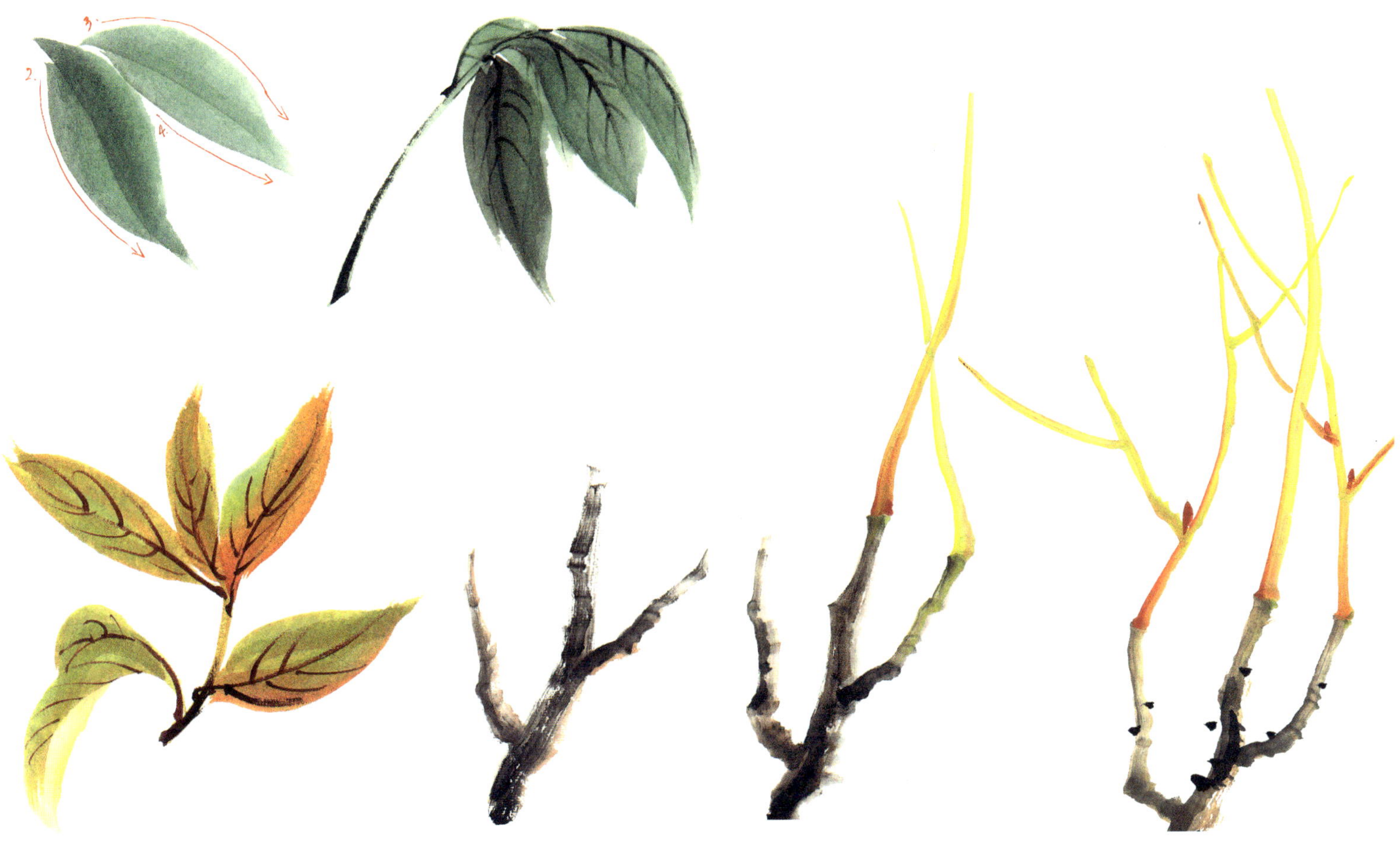

Blätter

In einer Mischung aus Gelb und Indigoblau unter Zugabe von etwas Tusche oder in einer Mischung aus Gelb und Rouge unter Zugabe von ganz wenig Tusche bekommen Sie die Farben für die Blätter wie zuvor beschrieben. Malen Sie ein Blatt mit zwei Strichen und zeichnen Sie darauf die Adern mit dunkler Farbe in das noch feuchte Grün ein.

Äste

Mischen Sie die Farbe Braun mit wenig Tusche in den Wieselhaarpinsel, der sehr wenig Wasser enthält. Ziehen Sie die Astlinien in stockender Pinselführung. Für die frischen Äste nehmen Sie einen sauberen Pinsel, der mit Gelb gemischt wurde und dessen Spitze zum Abdunkeln in etwas Rouge getaucht wurde. Ziehen Sie die Linien für die Äste. Zum Schluss geben Sie ein paar Pünktchen auf die Stiele, um so die jungen Triebe der Blätter anzudeuten.

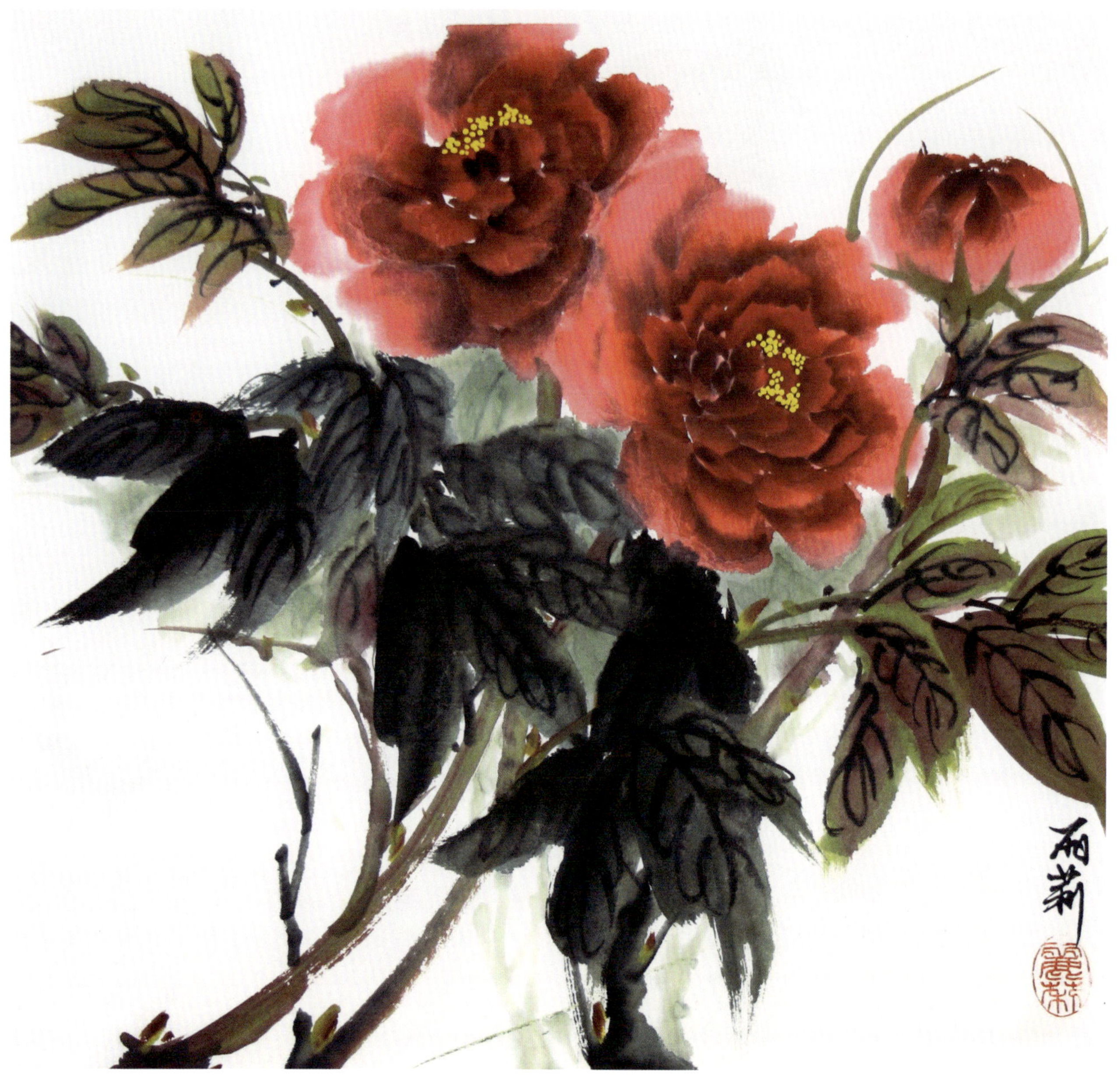

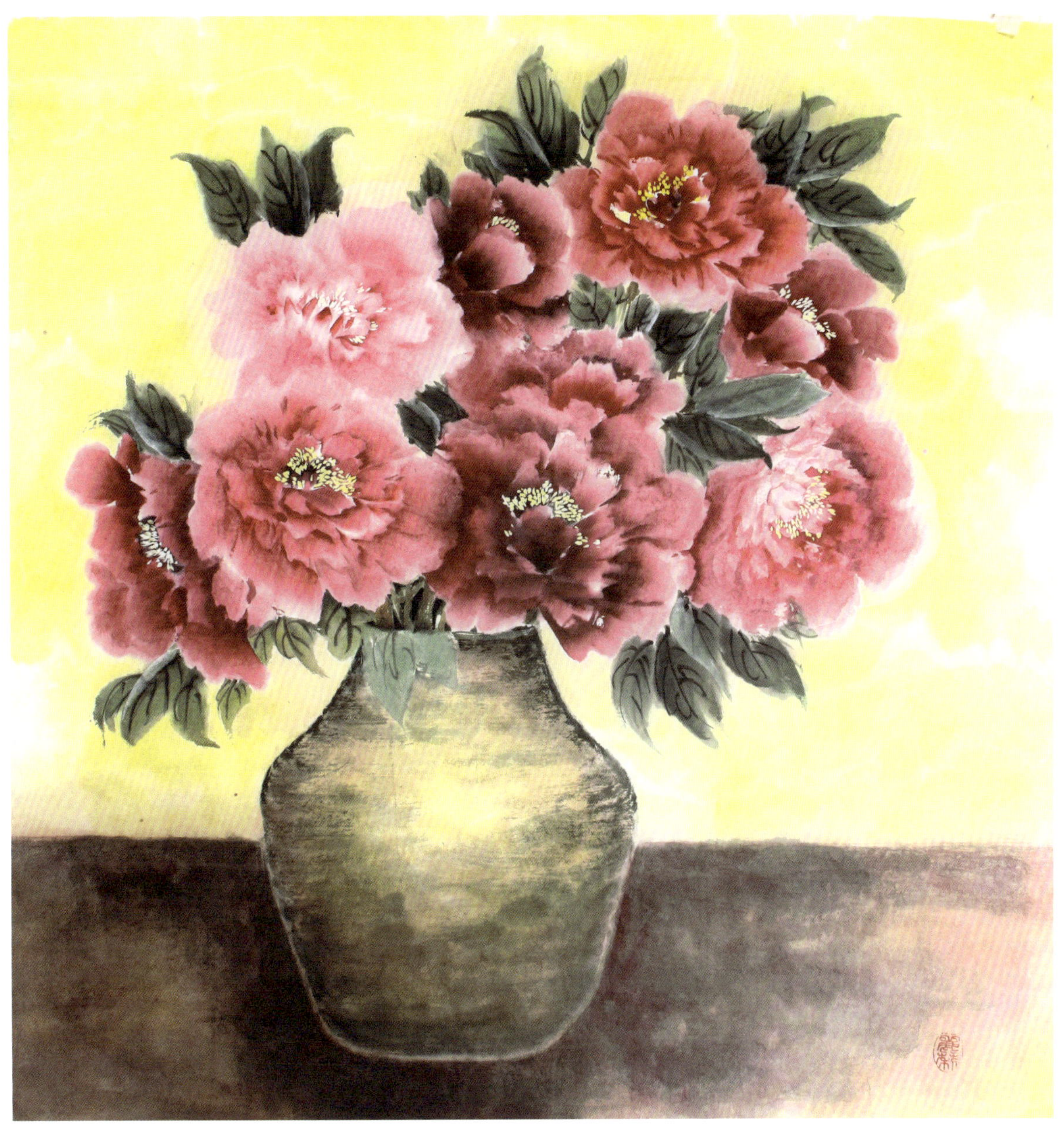

So prächtig wie noch nie

LOTOS

Pinsel

Blüten: Ziegenhaarpinsel Nr. 3
Blätter: Ziegenhaarpinsel Nr. 1
Stängel: Mittlerer Wieselhaarpinsel

Farben

Blüten: • Scharlachrot, • Karminrot
Blätter: • Tusche, • Gelb, • Indigoblau
Stängel: • Tusche

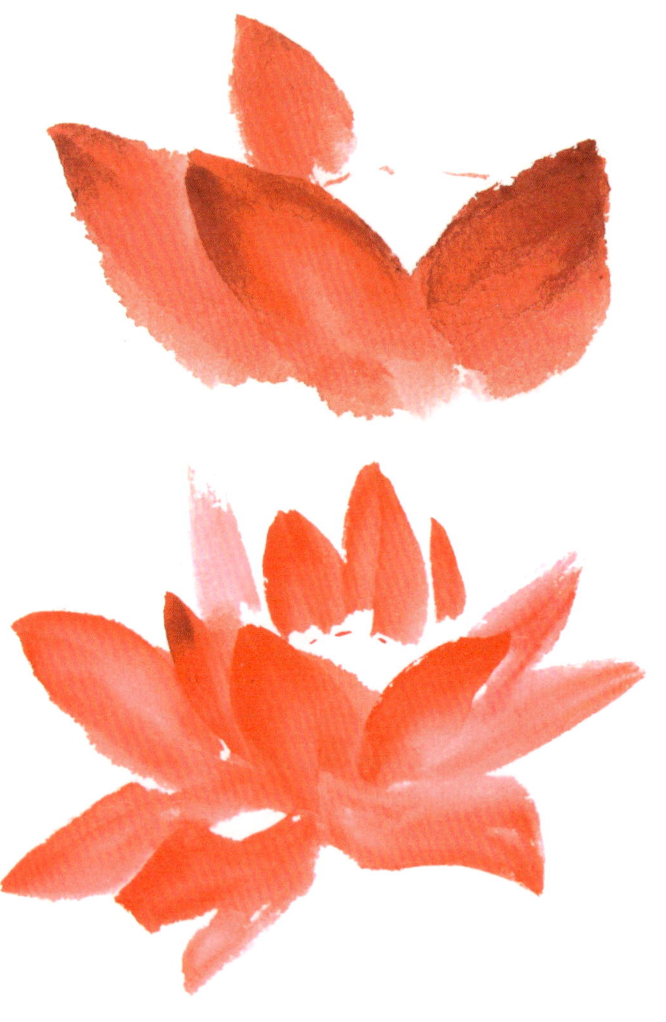

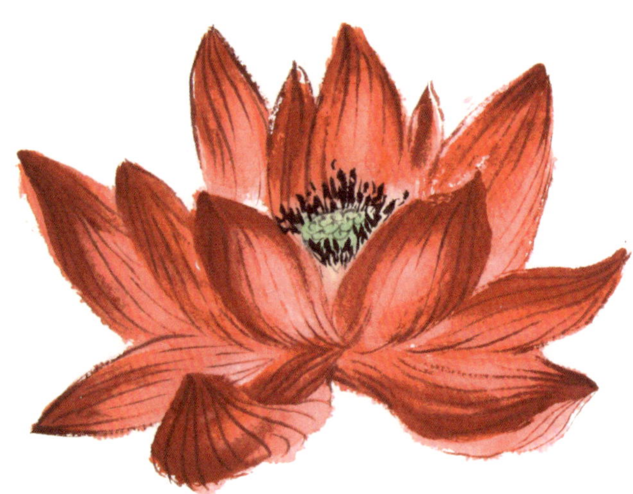

Blüte

Mischen Sie diese beiden roten Farben in schöner Abstufung in den Pinsel, halten sie ihn schräg, mit der Pinselspitze nach oben. Drücken Sie nun den Pinsel kräftig auf das Papier und malen Sie einen breiten länglichen Strich, fügen Sie rechts davon noch einen weiteren Strich hinzu, so entsteht durch zwei Striche ein Blütenblatt. Auf die gleiche Weise malen Sie weitere Blütenblätter rund um den Stempel. Beachten Sie, dass der Ansatz der Blütenblätter vom Staubgefäß in der Mitte ausgeht. Zuletzt fügen Sie das Staubgefäß in Grün hinzu und tupfen Sie darauf Pünktchen.

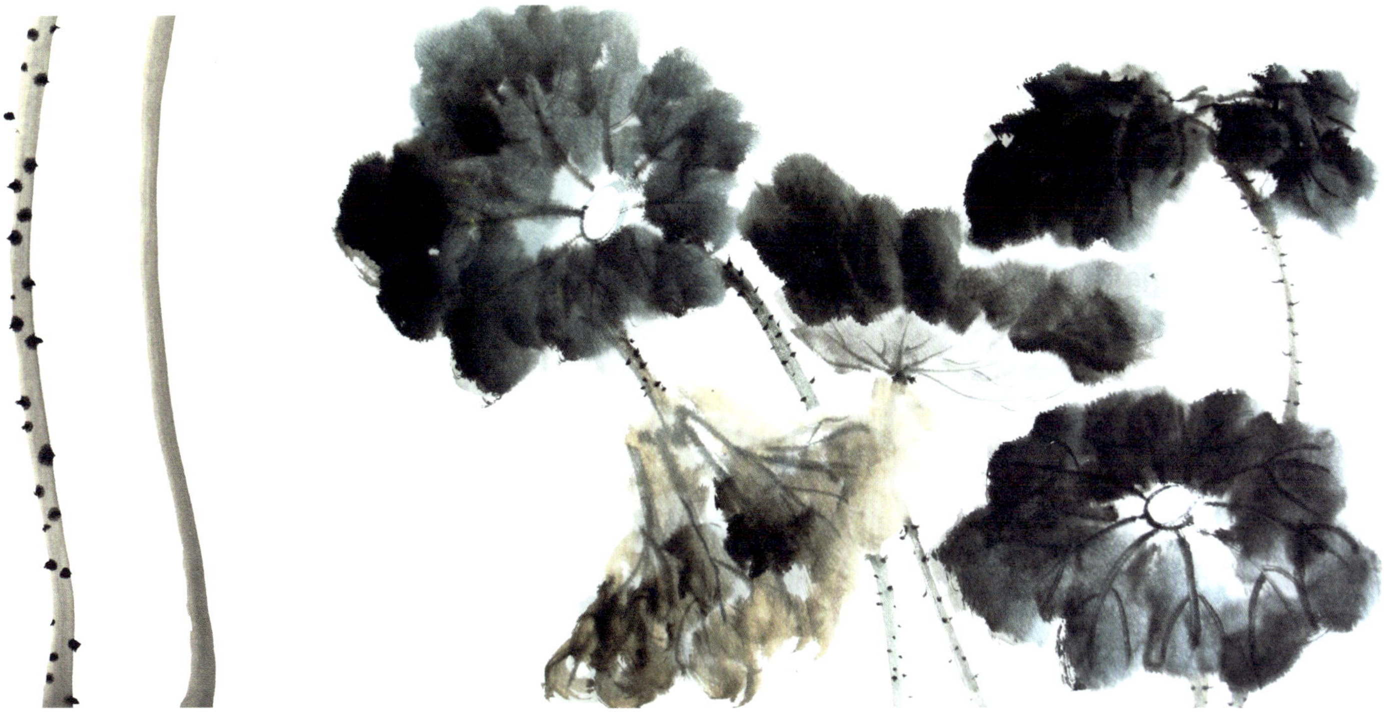

Beispiel unterschiedlicher Blattformen

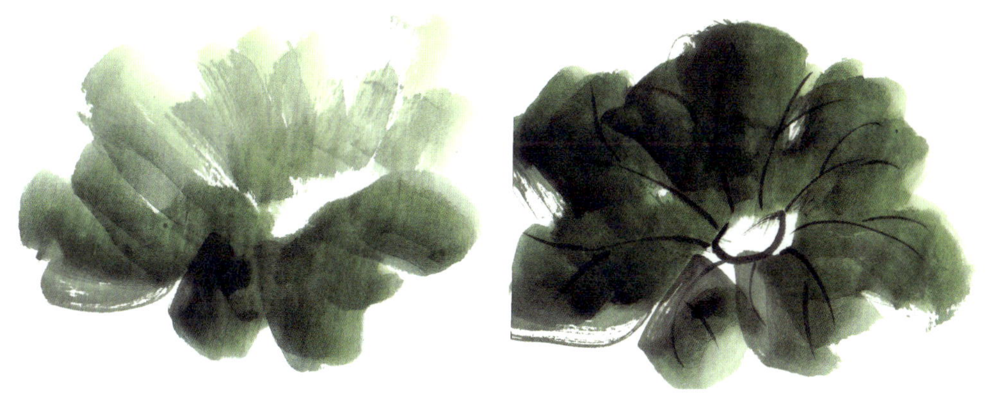

Blätter und Stängel

Tauchen Sie den großen Pinsel, der schon etwas Wasser enthält, in die Tusche (oder in die Grün), wie zuvor beschrieben. Stufen Sie die Tusche von dunkel bis hellgrau auf dem Pinsel ab. Nun halten Sie ihn fast flach, drücken ihn kräftig, und malen Sie mit mehreren Strichen nebeneinander die Form des Lotosblattes. Um die Linien für die Adern einzuzeichnen, muss das Blatt noch feucht sein. Zum Schluss zeichnen Sie die Stängel, die die Blumen und Blätter verbinden, in schmalen Linien.

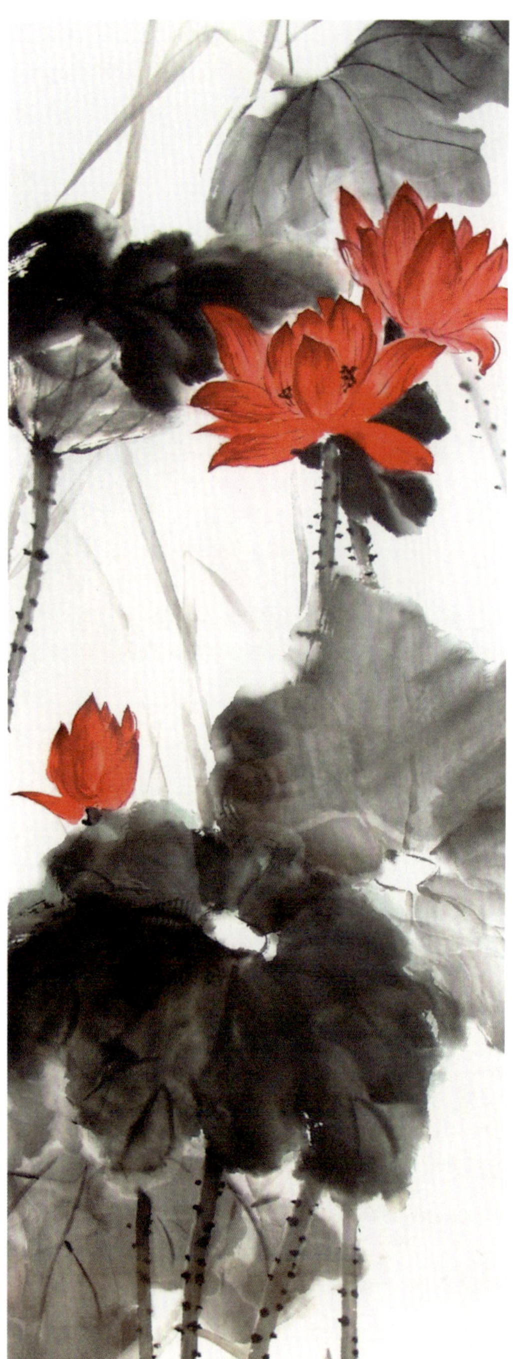

HINWEISE

• *Diese prächtigen Blumen werden gern in Rot gemalt, bestehend aus einer Farbkombination von schwarzer Tusche, die für die Blätter sehr ausdrucksvoll ist, sowie von Scharlachrot und Karminrot.*

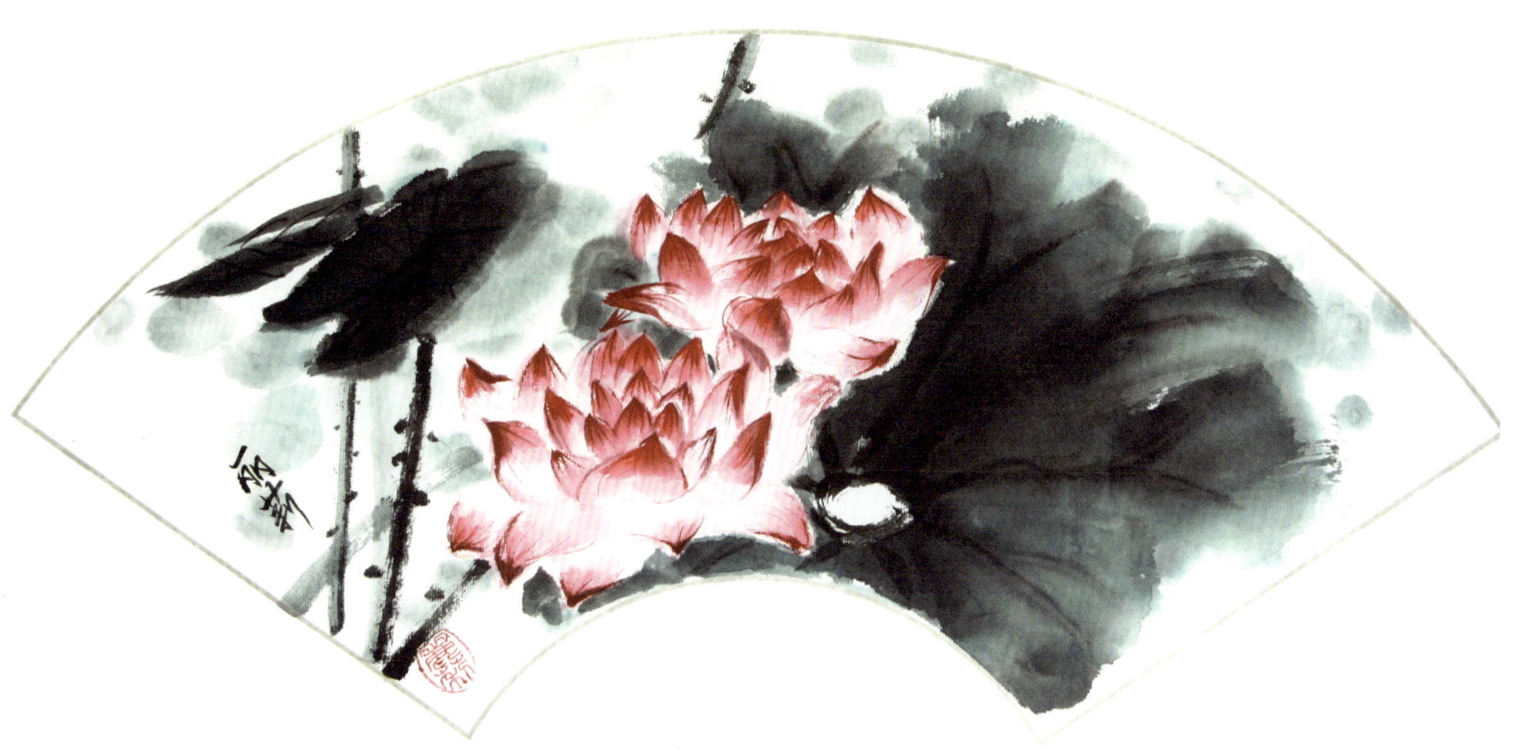

Der heiße Sommer

IRIS

Pinsel

Blüten: Ziegenhaarpinsel Nr. 5
Blätter: Großer Wieselhaarpinsel
Adern: Kleiner Wieselhaarpinsel

Farben

Blüten:
● Phthaloblau, ● Karminrot, ○ Titanweiß
Blätter: ● Gelb, ● Indigoblau, ● Tusche

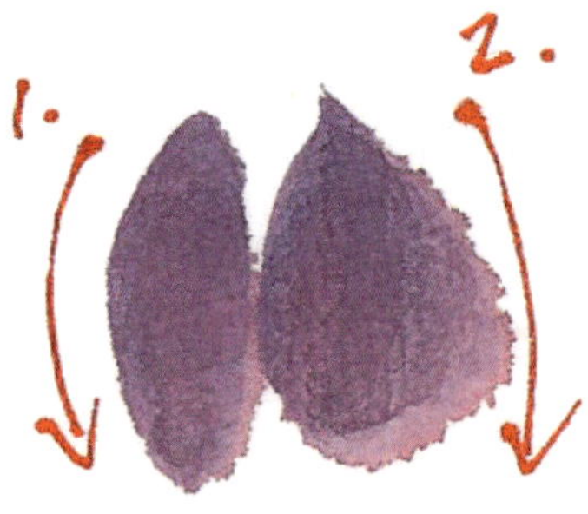

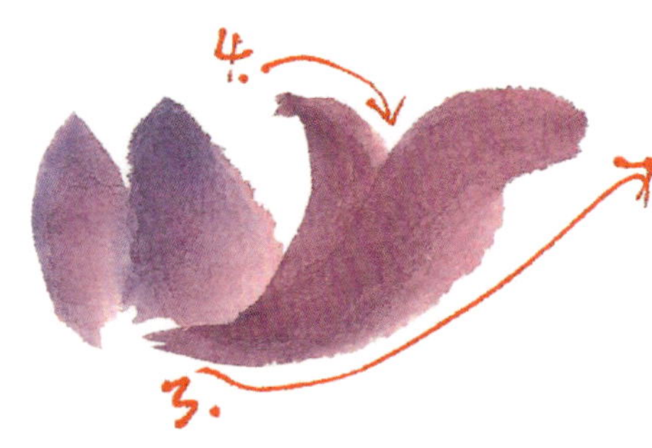

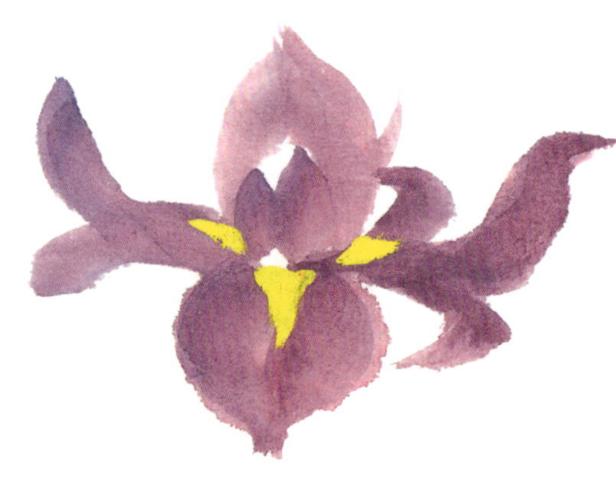

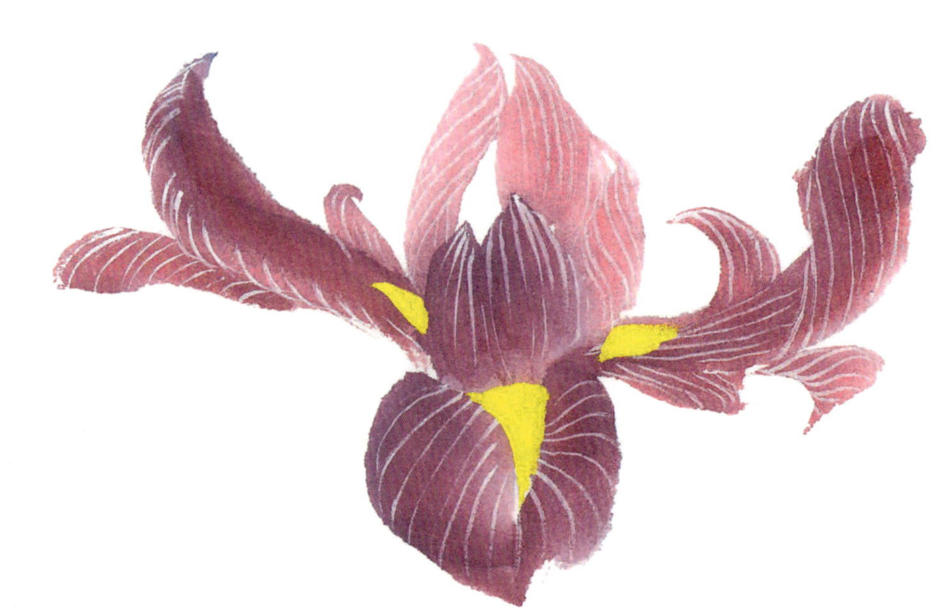

Blüten

Mischen Sie Titanweiß, Karminrot und Phthaloblau. Halten Sie den Pinsel flach mit der Spitze nach oben und drücken ihn sanft. Ordnen Sie die Blütenblätter so an, dass sie von der Mitte ausgehen. Sobald die Farbe der Blütenblätter trocken ist, tragen Sie dickes Gelb auf den Ansatz der Blütenblätter auf. Jetzt nehmen Sie einen feinen Pinsel und zeichnen die Adern in die Blütenblätter ein, um die Form der Blüten plastisch hervorzuheben.

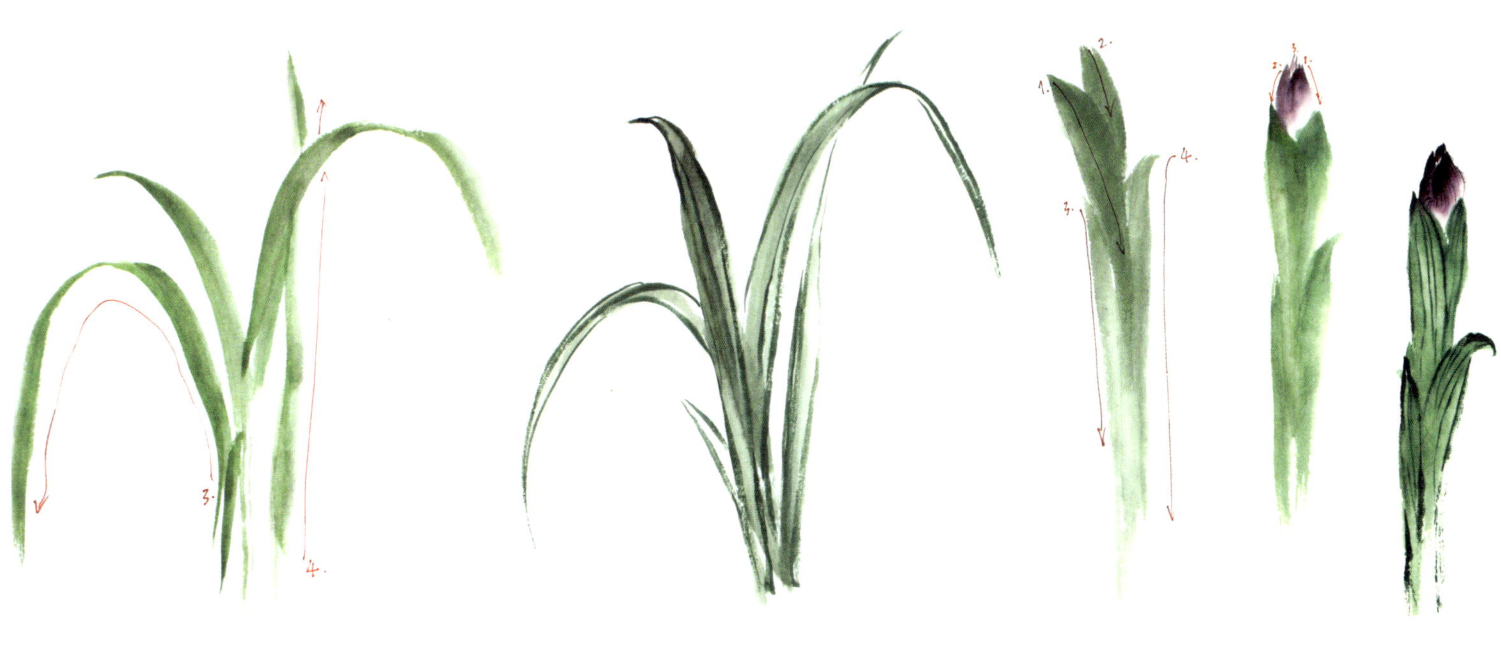

Blätter

Wie zuvor mischen Sie Gelb, Indigoblau und Tusche, um Grün zu erhalten. Der Anteil der einzelnen Farben bestimmt die Farbnuance. So kann man zum Beispiel mehr Gelbgrün oder mehr Blaugrün mischen. Malen Sie die grünen Blätter in langen Linien von unten nach oben; in der gleichen Weise gruppieren Sie die weiteren jungen Blätter so, als kämen sie aus einem Stiel.

Knospen

Wechseln Sie jetzt den Pinsel, und mischen Sie Karminrot und Phthaloblau für die Knospen. Setzen Sie zwischen zwei Blättern oben die Form der Knospen und vergessen Sie dabei nicht, die feinen Linien der Adern in Blütenblätter und Knospen einzufügen.

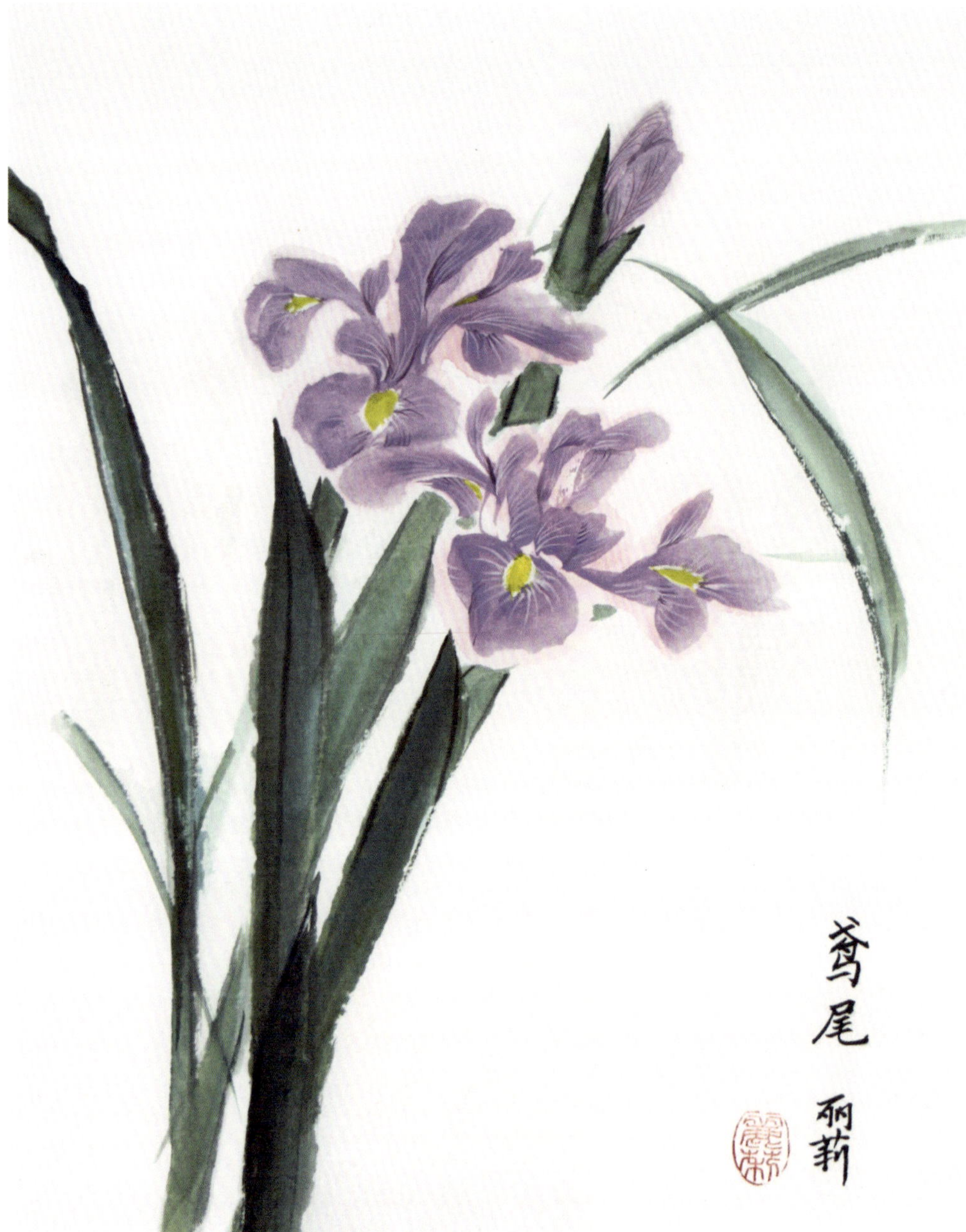

HINWEIS

- *Die Iris ist wegen ihrer charakteristischen Form sehr beliebt. Beobachten Sie die Iris genau in der Natur, zum Beispiel ihre äußere Erscheinung, ihre Farben und Bewegungen. Diese Aussagen werden Sie inspirieren.*

- *Sobald der Pinselstrich auf das Papier gebracht wurde, sollte er nicht mehr korrigiert oder geändert werden, damit die Farben durchsichtig und frisch erscheinen.*

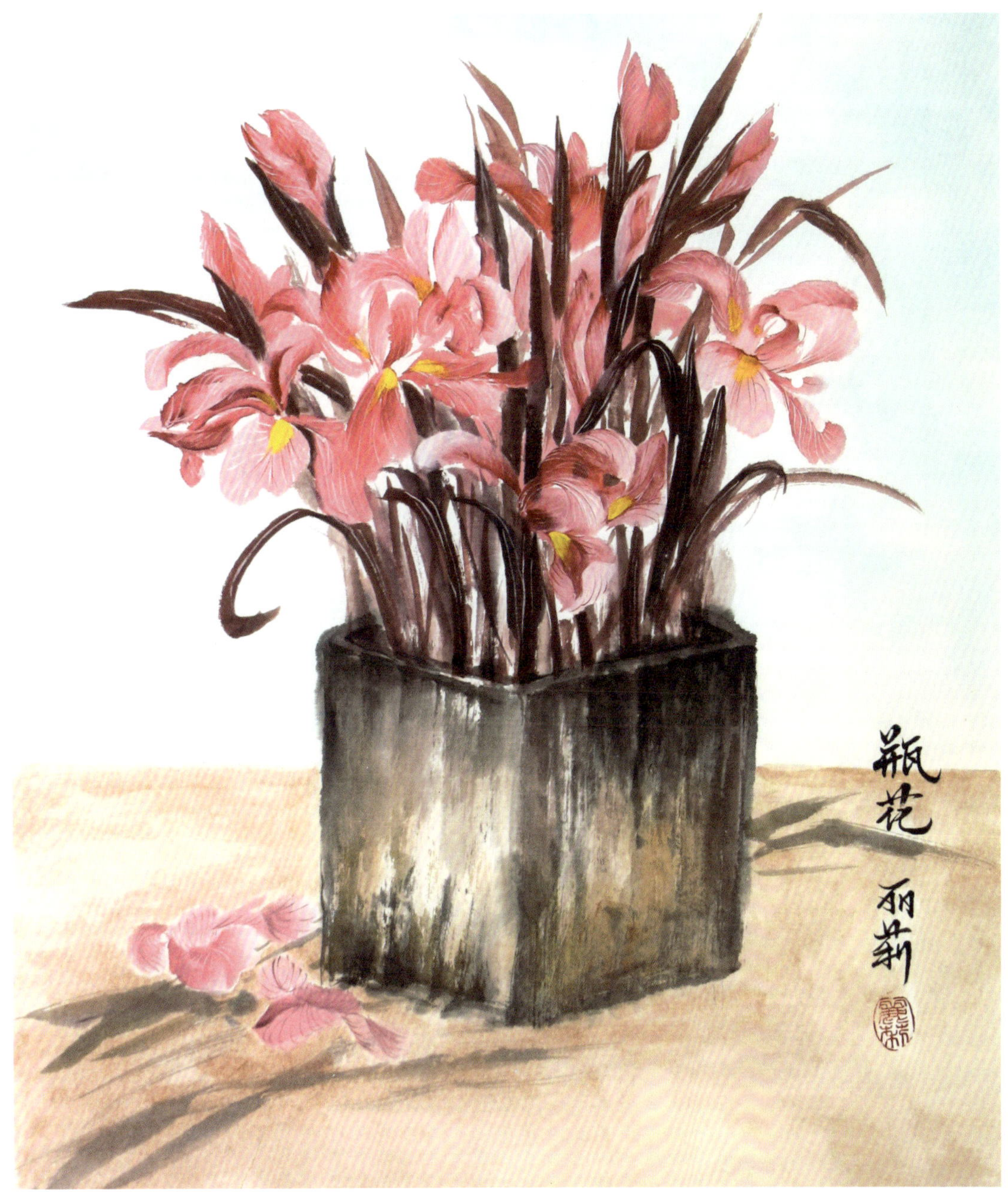

Dich vergesse ich nicht

MOHNBLUMEN

Pinsel

Blüten: Ziegenhaarpinsel Nr. 3
Blätter: Weißer Wolken-Pinsel Nr. 2
Stängel: Kleiner Wieselhaarpinsel

Farben

Blüten: ○ Titanweiß, ● Karminrot
Blätter: ● Tusche, ● Gelb, ● Indigoblau
Stängel: ● Gelb, ● Indigoblau, ● Rouge

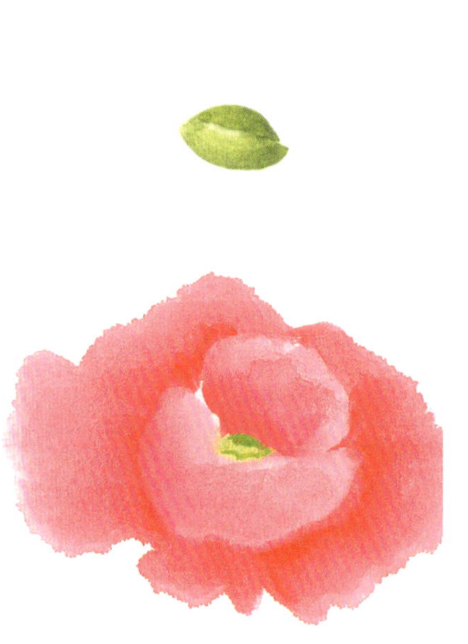

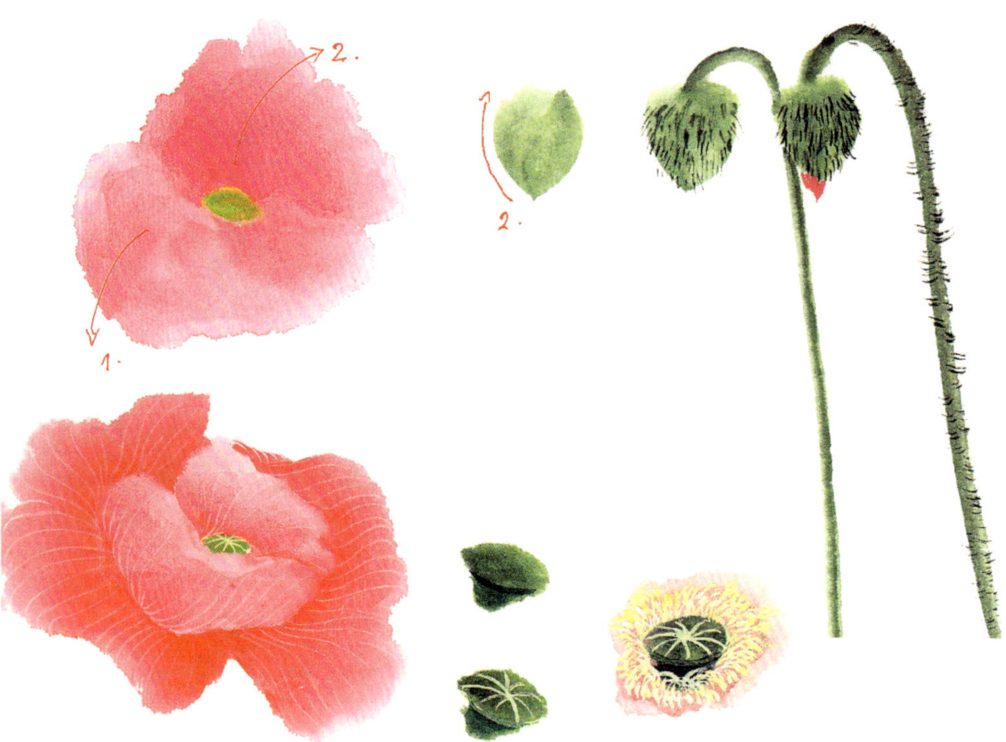

Blüten

Beginnen Sie mit dem Stempel des Staubgefäßes der Mohnblüte und malen Sie zwei Striche in Grün, so dass eine ovale Form entsteht. Nehmen Sie Titanweiß mit wenig Wasser in den Pinsel auf, dann tauchen Sie den Pinsel in Karminrot und mischen solange die beiden Farben bis Rosa entsteht. Jetzt malen Sie mit schräg gehaltenem Pinsel in breiten Strichen die Blütenblätter von innen nach außen.

Während die Blütenblätter noch feucht sind, zeichnen Sie feine Linien darauf ein, um die Blüten plastischer erscheinen zu lassen. Zum Schluss werden mit dem gleichen Pinsel feine Staubgefäße aufgetupft.

Knospen

Die Blütenknospen werden mit den gleichen Farben wie die Blätter gemalt. Für die feinen Härchen am Stängel der Mohnblume spreizen Sie die Pinselhaare des Wieselhaarpinsels und tupfen Sie diese sanft auf den Stängel.

HINWEIS

- *Achten Sie darauf, dass die feinen Adern auf den Blütenblättern eingezeichnet werden, da sie einen wichtigen Aspekt für die perspektivische Wirkung darstellen.*

- *Die Anordnung der Mohnblumen, insbesondere das Malen der Stängel in dünnen Linien, ist mitentscheidend für den Schwerpunkt des Bildes. Die Blumen sollen elegant und beweglich erscheinen, es erfordert daher viel Übung, um diese Wirkung zu erhalten.*

Blätter

Mischen Sie wieder Gelb und Indigoblau, um Grün zu erhalten. Halten Sie den Pinsel etwas schräg, setzen ihn leicht auf, drücken ihn kurz an und malen Sie einen Strich nach außen. Ein Blatt entsteht, indem man mehrere Striche zusammengesetzt malt.

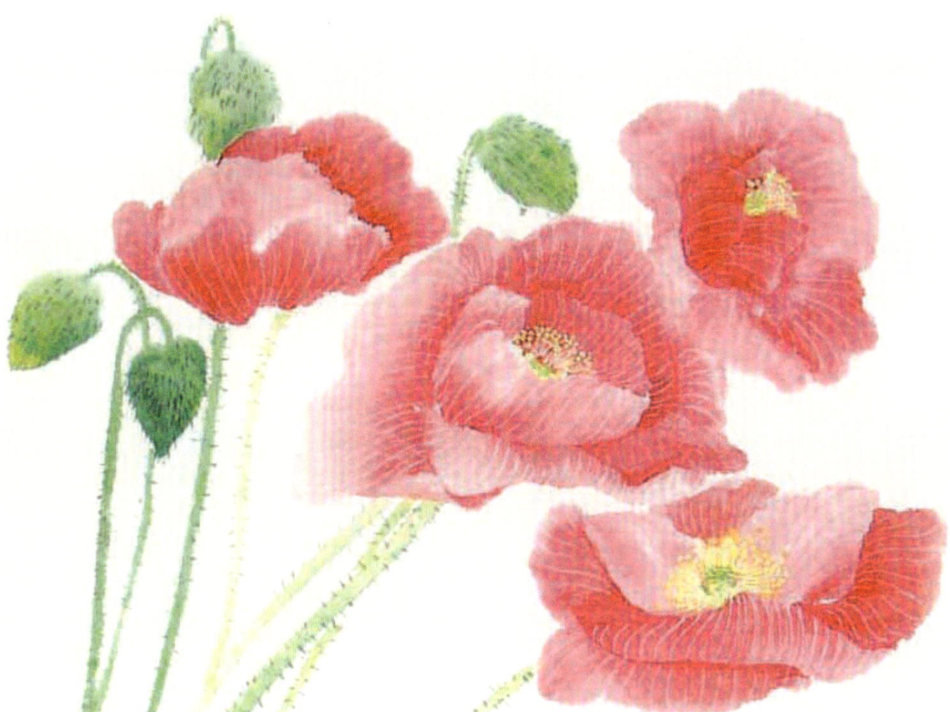

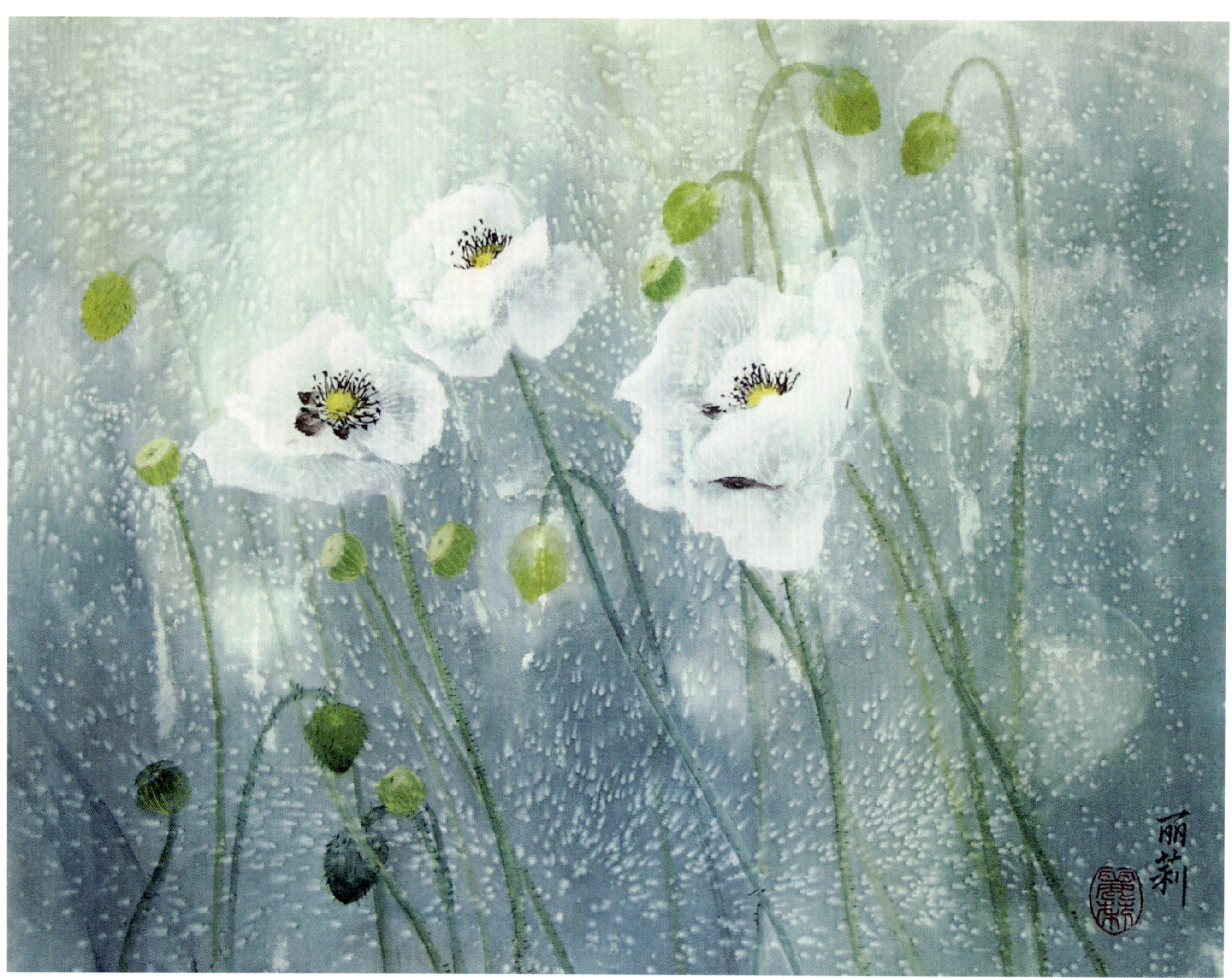

Im Mondlicht

GERANIEN

Pinsel

Blüten: Weiße-Wolken-Pinsel Nr. 1
Blätter: Ziegenhaarpinsel Nr. 3
Stängel- und Blattadern: Kleiner Wieselhaarpinsel

Farben

Blüten:
● Karminrot, ● Phthaloblau, ○ Titanweiß
Blätter: ● Gelb, ● Indigoblau, ● Tusche,
○ Titanweiß, ● Rouge

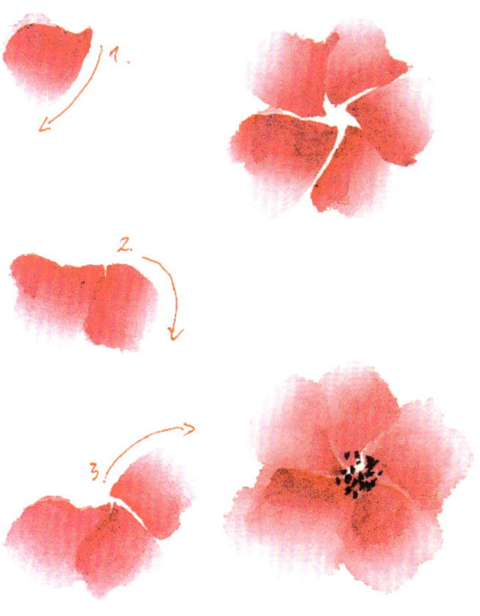

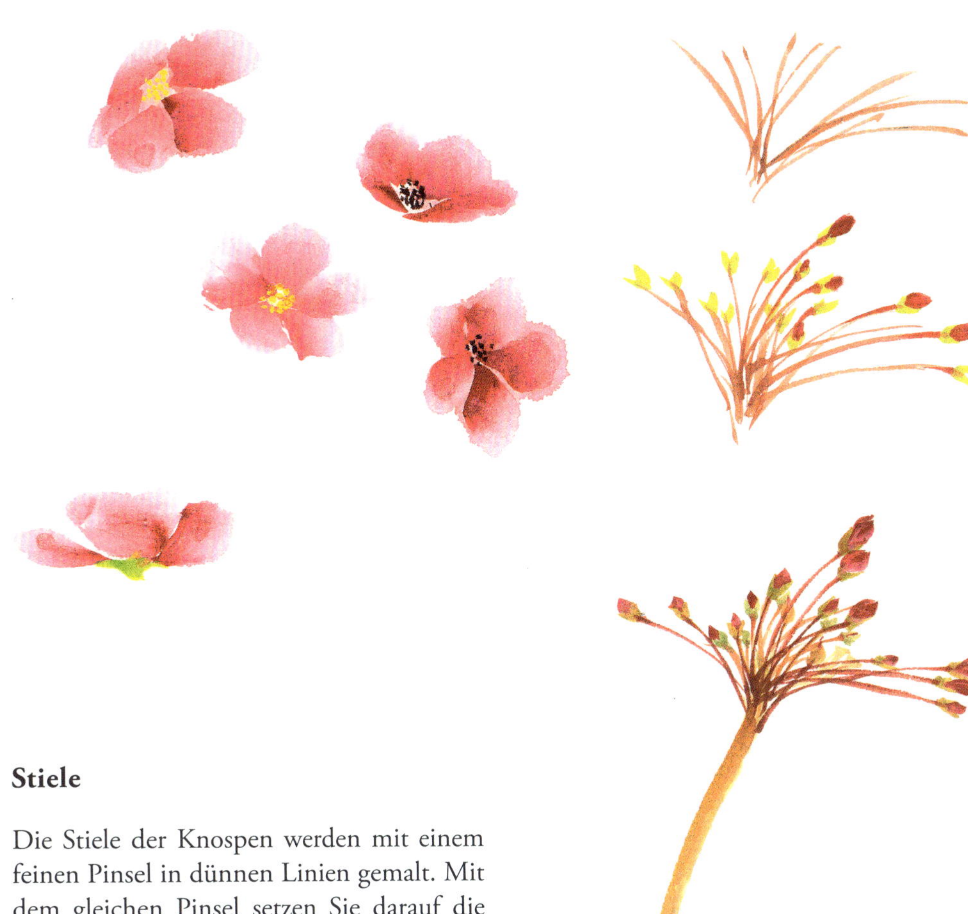

Blüten

Mischen Sie in den Pinsel ein wenig Weiß und Phthaloblau und fügen noch etwas Karminrot hinzu. Drücken Sie die Spitze des Pinsels sanft nach innen auf das Papier und malen Sie kleine Blütenblätter. Jede Blüte besteht aus fünf kleinen Blättchen, fügen Sie dann in die Mitte gelbe Pünktchen als Staubgefäße hinzu.

Stiele

Die Stiele der Knospen werden mit einem feinen Pinsel in dünnen Linien gemalt. Mit dem gleichen Pinsel setzen Sie darauf die Knospen in Grün und in Rot.

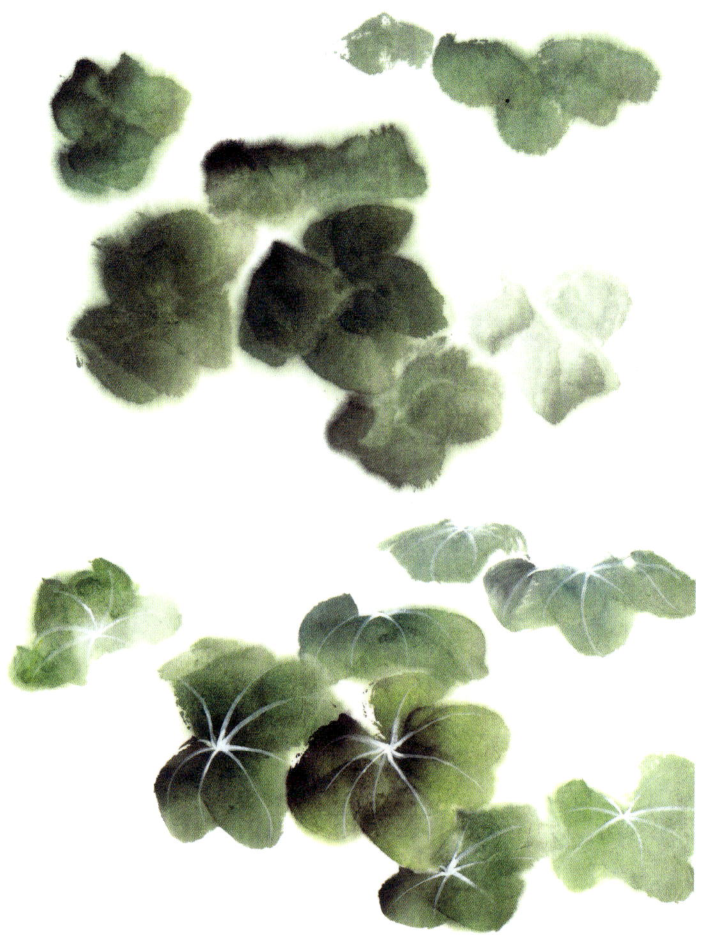

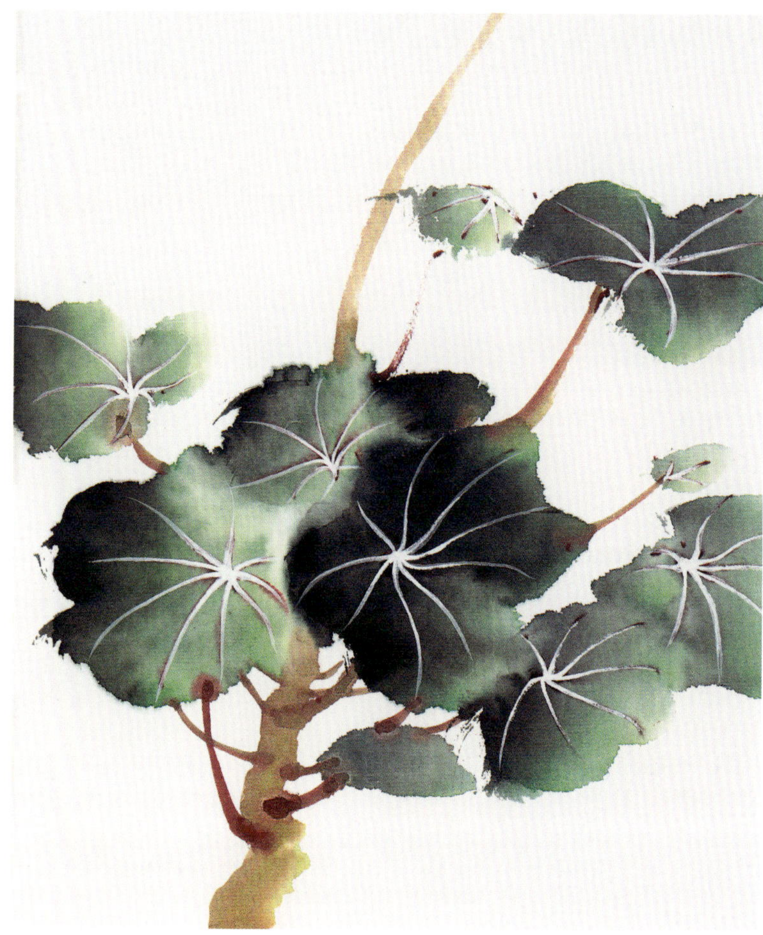

Blätter

Für die Blätter nehmen Sie den großen Ziegenhaarpinsel, der mit grüner Farbe gesättigt wird. Malen Sie die Blätter großflächig, um so die verschiedenen Farbtöne der Blätter hervorzuheben. Im Vordergrund sind sie dunkler als im Hintergrund, dadurch wirkt das Bild lebendig. Die Blattadern werden mit Titanweiß auf die noch feuchte grüne Fläche aufgebracht.

Stiele

Verwenden Sie für die Stiele eine Farbmischung aus Gelb und ein wenig Indigoblau und fügen Sie etwas Rouge hinzu. Zeichnen Sie die Stiele in breiten und schmalen Linien, um die Verbindung zu den Blättern herzustellen.

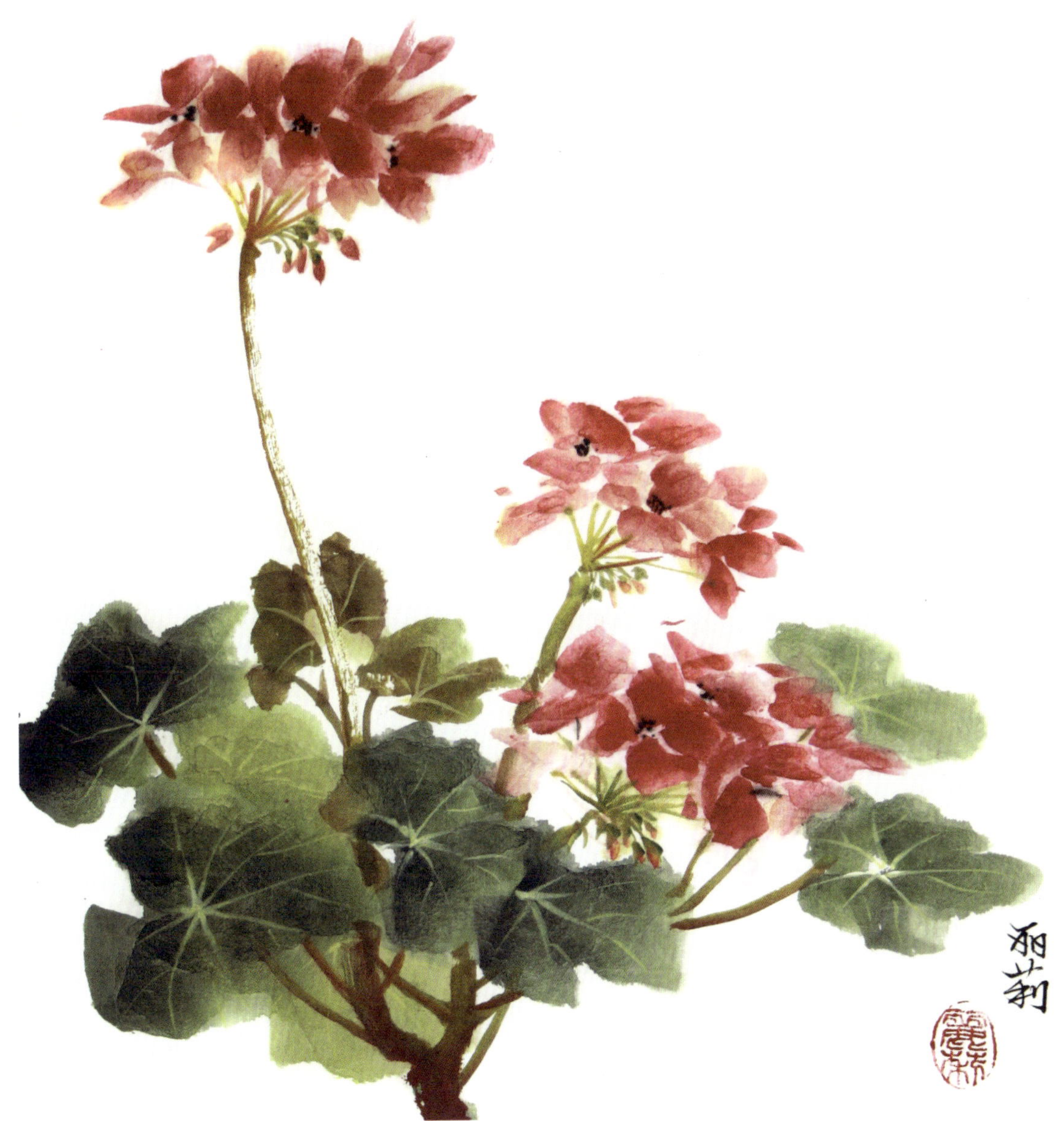

Lächelnd in der Sonne

TAGLILIEN

Pinsel

Blüten : Ziegenhaarpinsel Nr. 3
Blätter: Großer Wieselhaarpinsel
Adern und Staubgefäße: Kleiner Wieselhaarpinsel

Farben

Blüten: ● Gelb, ● Zinnober
Blätter: ● Tusche, ● Gelb, ● Indigoblau

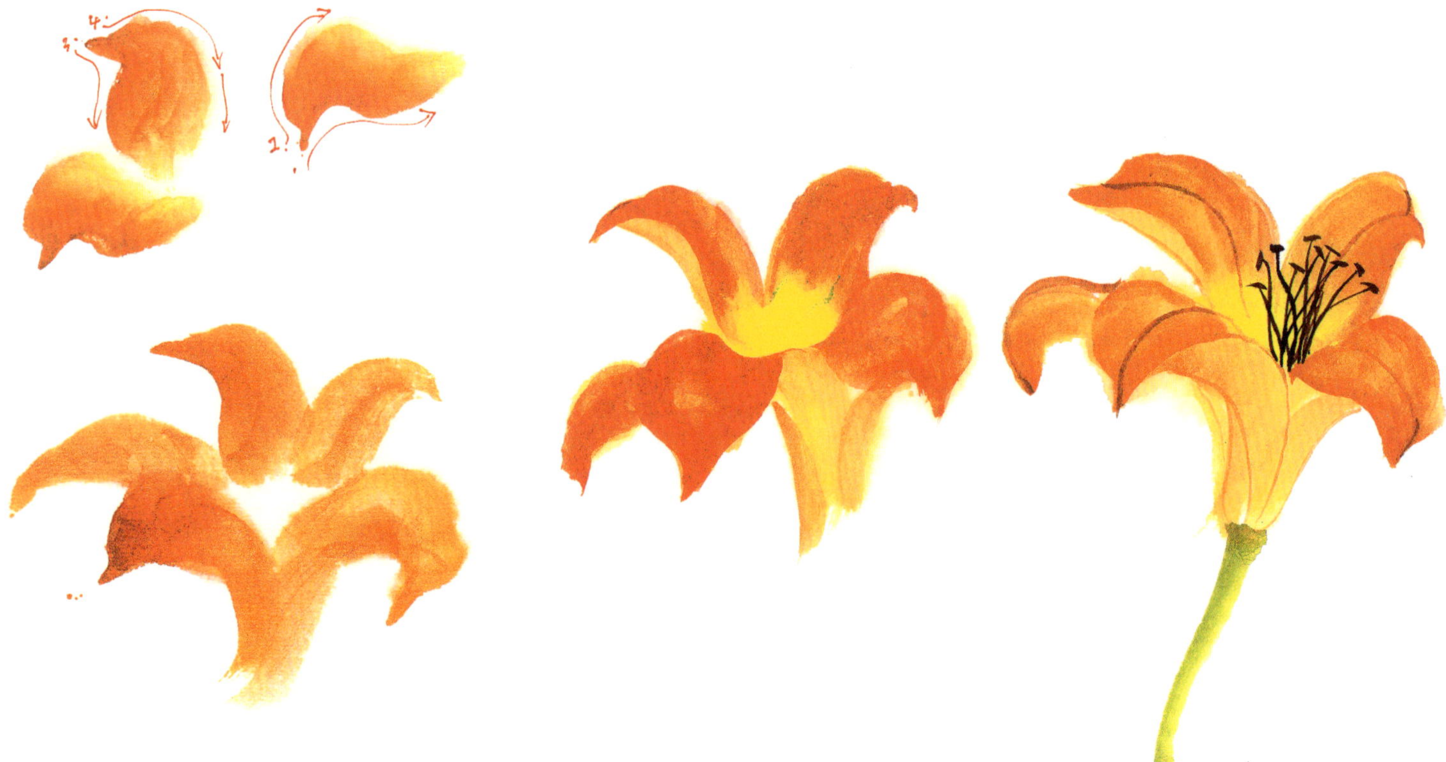

Blüten

Halten Sie den Pinsel, der bereits mit Gelb und Orange gemischt wurde, schräg. Nun drücken sie ihn leicht nach rechts, fügen Sie zu diesem ersten Strich einen zweiten hinzu, um ein Blütenblatt zu erhalten. In der gleichen Malweise fügen Sie die anderen Blütenblätter hinzu, achten Sie aber darauf, dass die Mitte für das Staubgefäß frei bleibt.

Sobald die Blütenblätter trocken sind, füllen Sie das Staubgefäß mit Gelb voll aus. Zeichnen Sie darauf die Linien des Staubgefäßes in den Farben Rouge und Tusche mit einem feinen Pinsel ein. Variieren Sie die Blüten, indem Sie geschlossene und halbgeöffnete Knospen als auch volle Blüten malen.

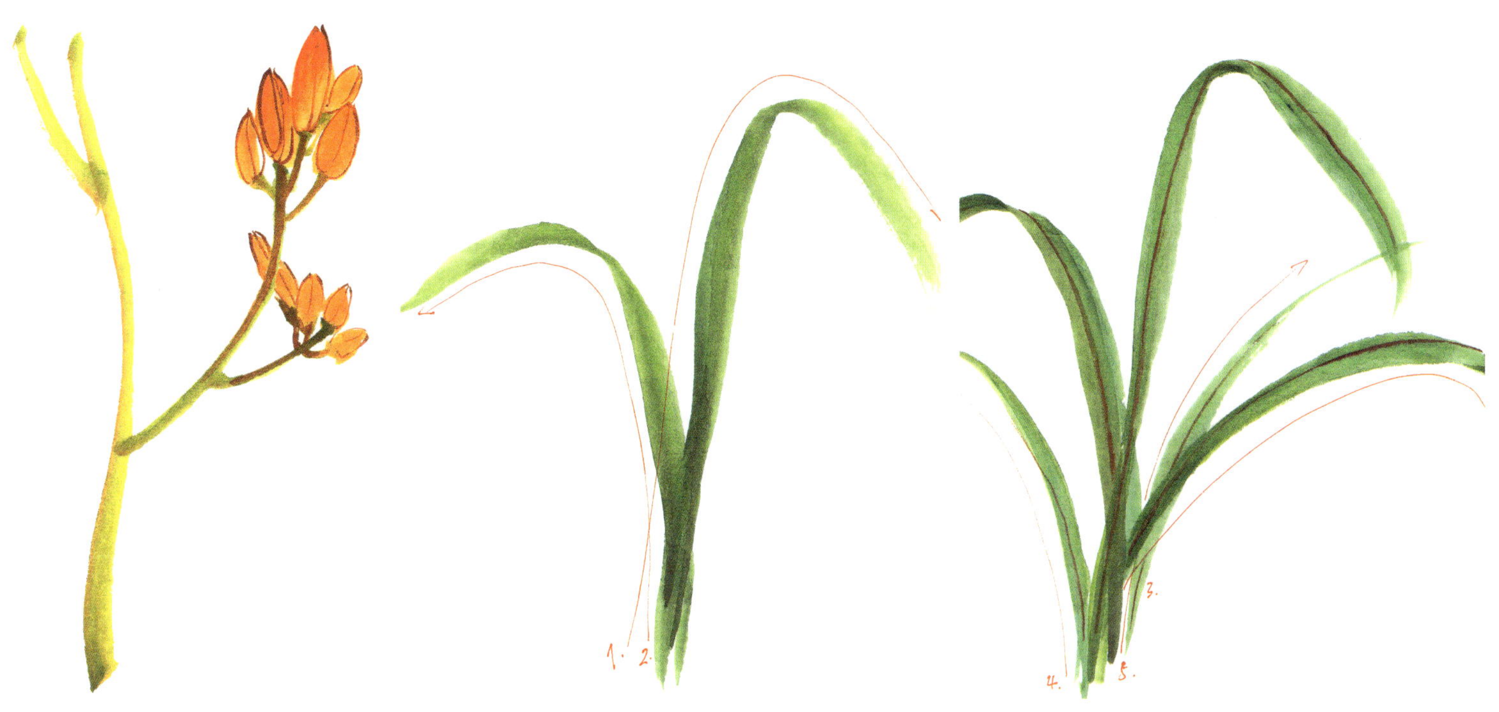

Blätter

Mischen Sie Gelb und Indigoblau, dazu etwas Tusche. Halten Sie den Pinsel gerade und ziehen Sie die Blattlinien von unten nach oben in unterschiedlichen breiteren und schmaleren Formen. Zum Schluss zeichnen Sie mit Dunkelgrün die Adern in die Blätter ein.

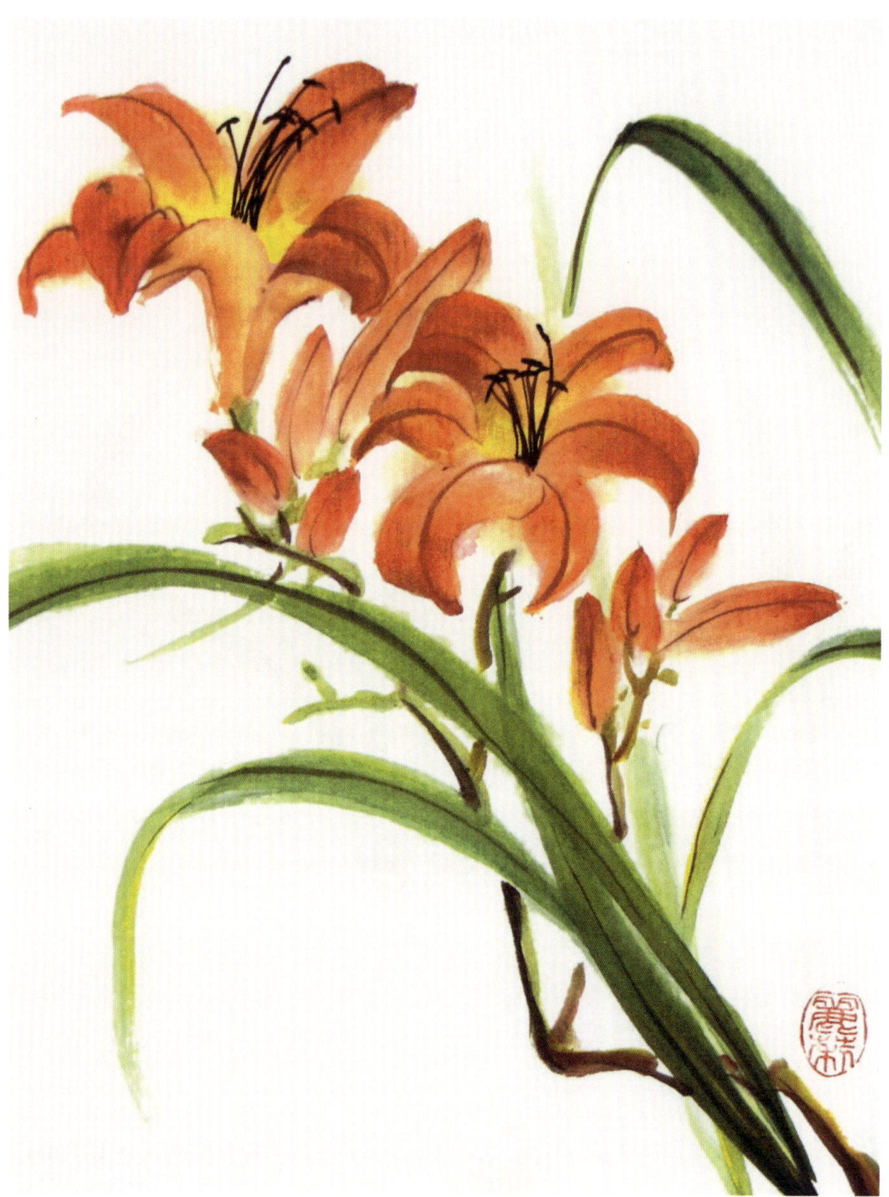

HINWEISE

• *Beim Malen der Blätter ist darauf zu achten, dass man die Blätter sowohl von vorn als auch von der Seite sieht. Um diese Wirkung zu erreichen, wird der Pinsel leicht angehoben und die Linie erscheint dünner. Wird der Pinsel leicht angedrückt, so erscheint der Strich breiter.*

SONNENBLUMEN

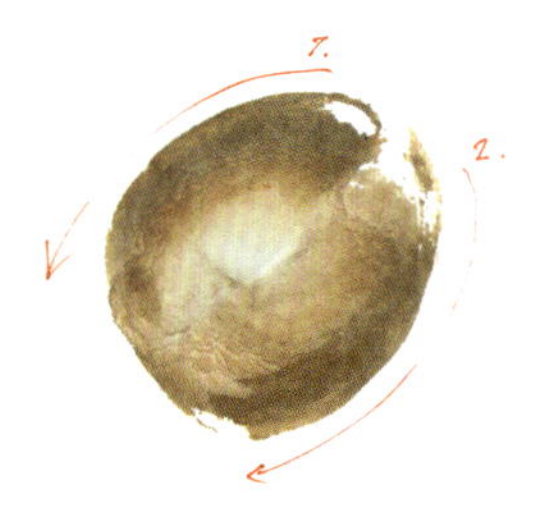

Pinsel

Blüten: Weiße-Wolken-Pinsel Nr. 1
Blätter: Großer Ziegenhaarpinsel Nr. 1
Stiele: Großer Wieselhaarpinsel
Adern und Umrisse:
Mittlerer Wieselhaarpinsel

Farben

Blumen: ● Gelb, ● Zinnober,
● Braun, ● Tusche
Blätter: ● Indigoblau, ● Tusche
Stiele: ● Braun, ● Tusche

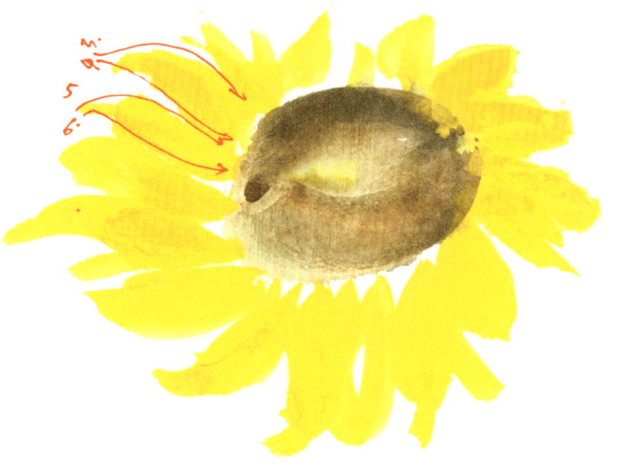

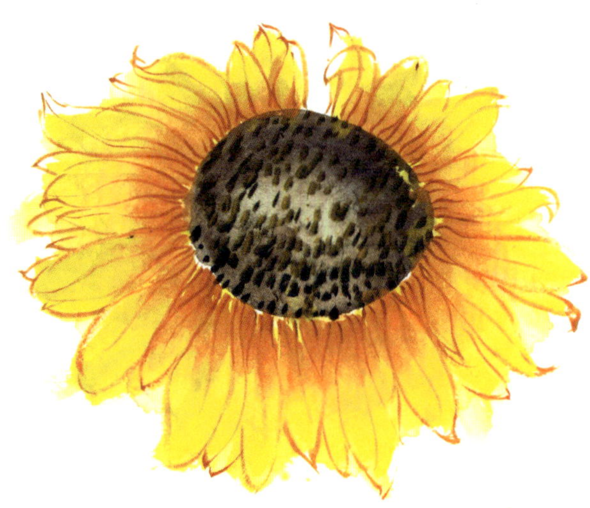

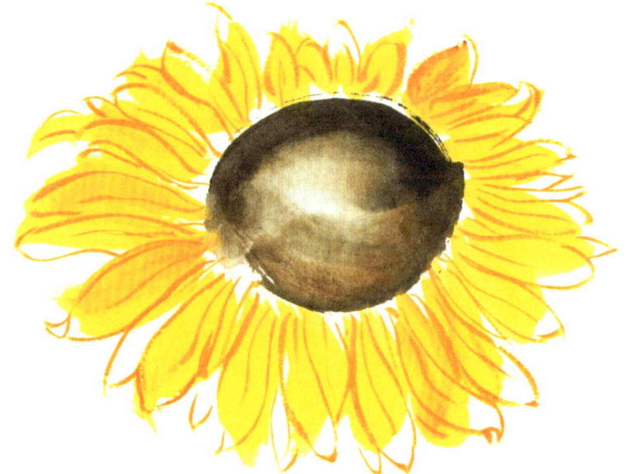

Blüten

Mit dem großen Ziegenhaarpinsel mischen Sie Braun und Tusche, halten Sie den Pinsel schräg; auf diese Weise malen Sie mit zwei großen Strichen den inneren runden Stempel der Sonnenblume.
Als Nächstes geben Sie Gelb auf den Pinsel und malen die Blütenblätter nebeneinander. Anschließend zeichnen Sie den Umriss darauf, um die Form der Blumen plastisch herauszuheben. Jetzt geben Sie Gelborange auf den inneren Rand der Blütenblätter. Während der Stempel noch feucht ist, tupfen Sie mit einem kleinen Pinsel die Pünktchen darauf, um die Sonnenblumenkerne anzudeuten.

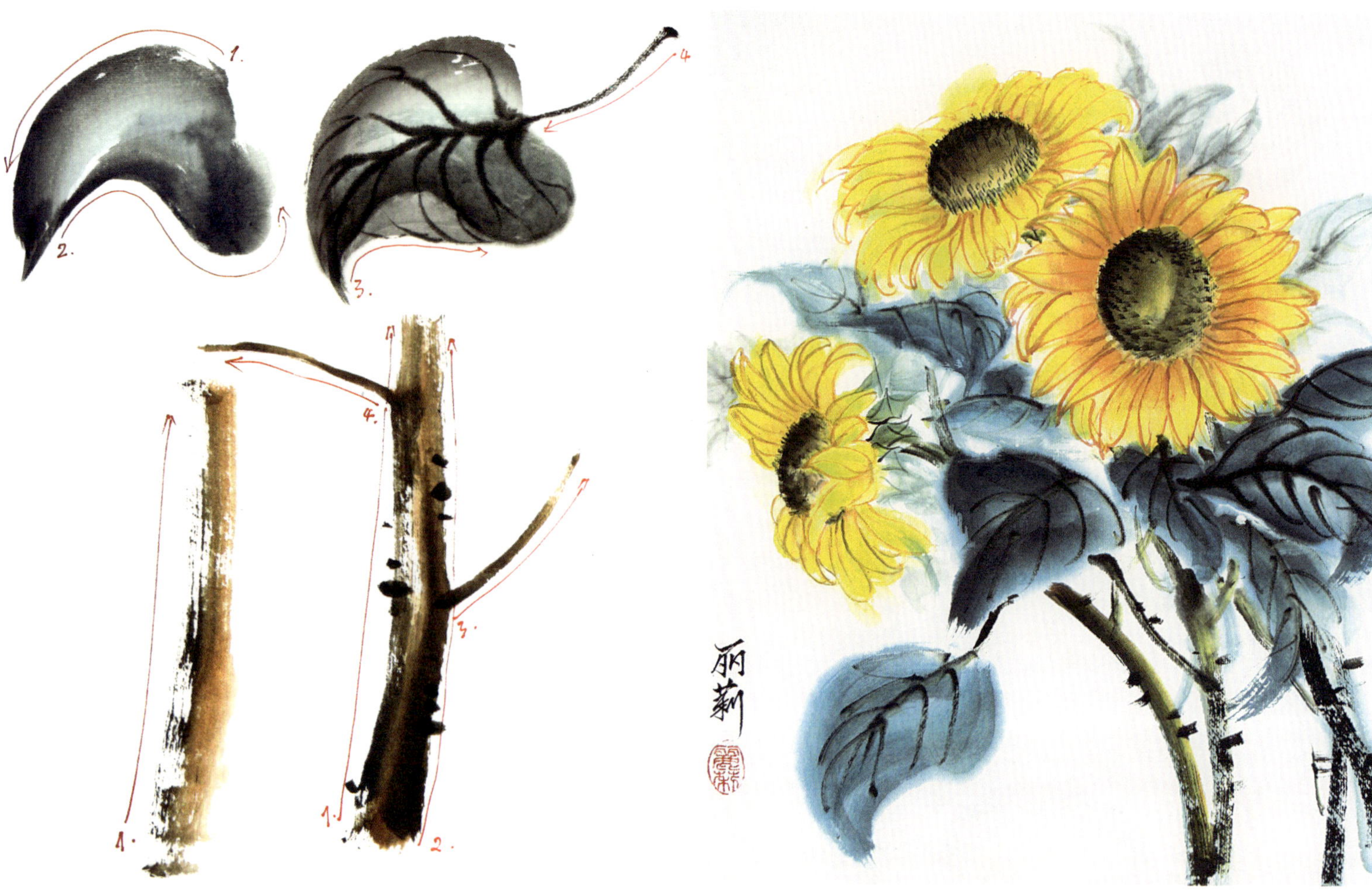

Blätter

Halten Sie den Pinsel, der voll mit Blau und Tusche gesättigt ist, seitlich und drücken ihn kräftig auf das Papier, damit erhalten Sie breite Striche. Versuchen Sie dabei, mit nur zwei bis drei Strichen ein Blatt zu schaffen. Während die Blätter noch feucht sind, zeichnen Sie die Aderlinien auf die Blätter.

Stiele

Zum Schluss ziehen Sie lange breite Striche für die Stiele in den Farbabstufungen von Braun und Tusche.

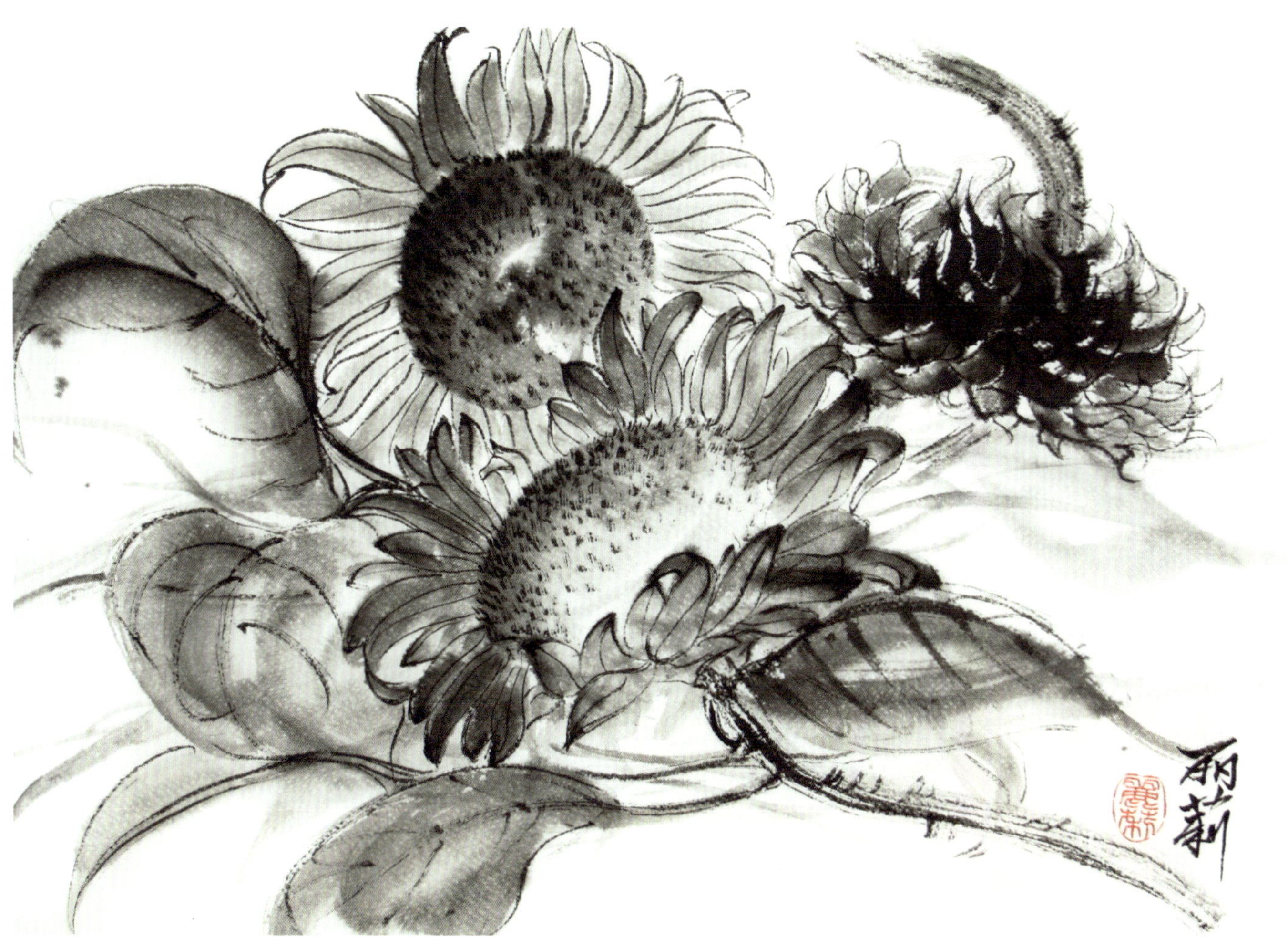

Sommerfreude

HINWEISE

• *Malen Sie die Stiele mit einem Pinsel, der wenig Wasser enthält, dadurch erscheint der Stiel älter. Sonnenblumen in Monochromtusche können ebenfalls sehr faszinierend sein.*

HORTENSIEN

Pinsel

Blüten: Weiße-Wolken-Pinsel Nr. 1
Blätter: Ziegenhaarpinsel Nr. 3
Stängel: Mittlerer Wieselhaarpinsel

Farben

Blüten:
○ Titanweiß, ● Karminrot, ● Phthaloblau
Blätter: ● Gelb, ● Indigoblau, ● Tusche
Stängel: ● Braun, ● Tusche

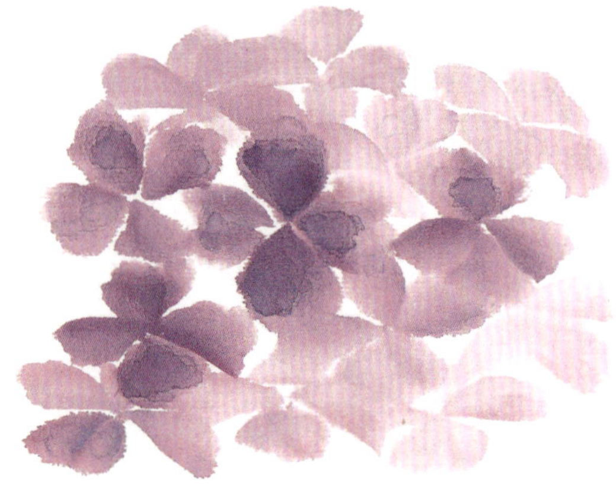

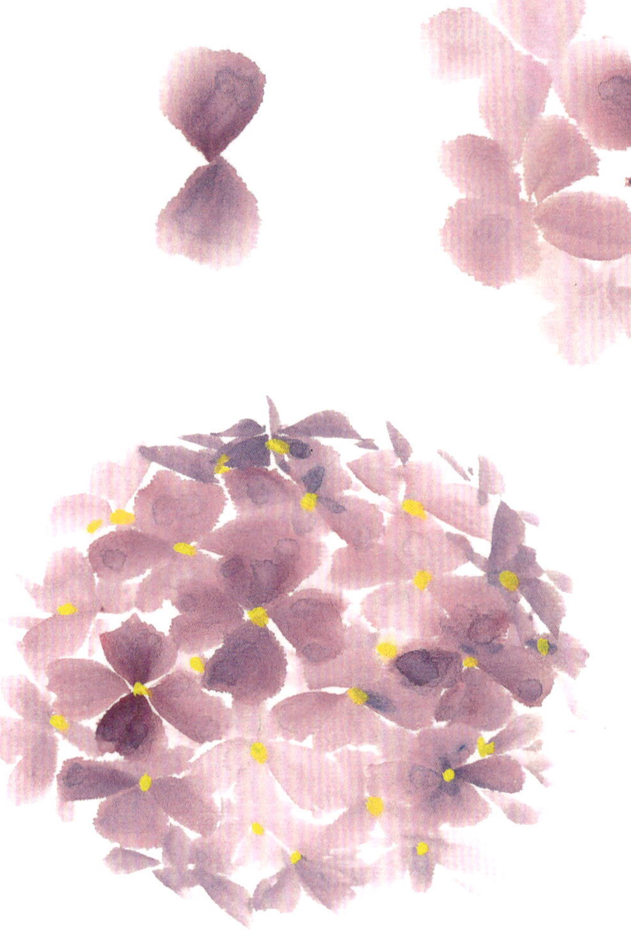

Blüten

Mischen Sie Titanweiß, Karminrot und Phthaloblau, um Violett zu erhalten. Die Malweise dieser Blumen ist ähnlich wie bei der Geranie. Beginnen Sie mit einzelnen Blütenblättchen von der Mitte der Blume ausgehend. Ein Blütchen setzt sich aus vier rautenförmigen Blättchen zusammen. Dicht nebeneinander fügen Sie weitere kleine Gruppen in dieser Malweise in Form eines Balles hinzu. Achten Sie wieder auf die perspektivische Darstellung, um ein Gefühl für die Räumlichkeit der Blumen zu bekommen.

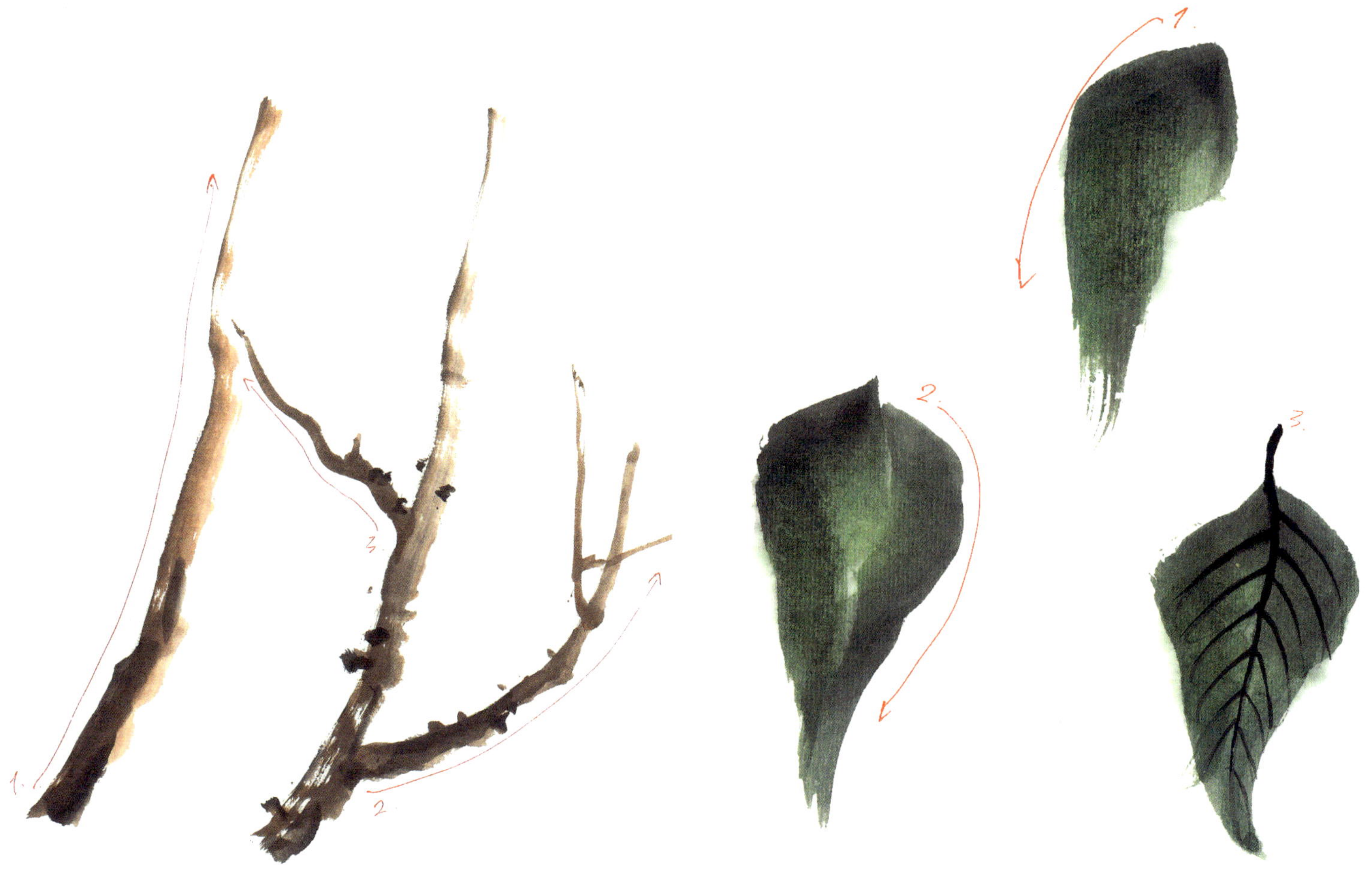

Blätter und Stängel

Die großen ovalen Blätter werden mit einem großen Pinsel in zwei breiten Strichen geschaffen. Halten Sie den Pinsel fast flach, drücken Sie ihn auf das Papier und ziehen ihn leicht etwas nach links oder nach rechts, so dass der Strich breiter wird. Zum Schluss zeichnen Sie die Blattadern in das feuchte Blatt hinein.

Stängel

Mischen Sie Braun mit ein bisschen Tusche, halten Sie den Pinsel mit der Spitze nach unten; dann werden die Linien für die Stängel von unten nach oben gezogen. Bei dicken Stängeln halten Sie den Pinsel etwas schräg, bei dünnen Stängeln mehr senkrecht, um so die Stängel der Natur entsprechend erscheinen zu lassen.

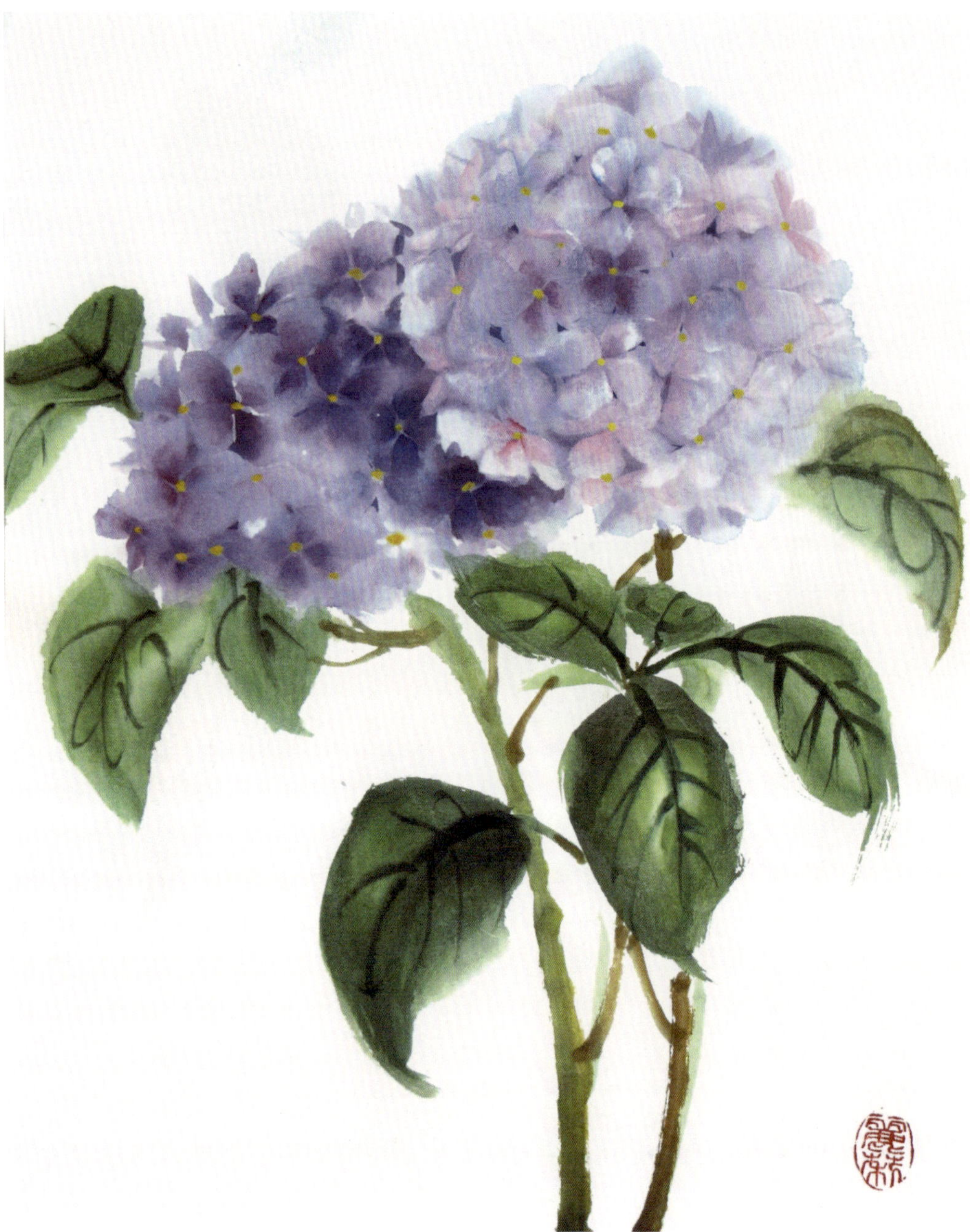

HINWEISE

• *Die Hortensie gehört zu den beliebtesten Blumen; sie strahlt fantastisch in leuchtendem Blau. Kaum eine andere Blume erscheint in solch einem Blau.*

• *Mit Mineralblau, Phthaloblau und ein bisschen Titanweiß erzielt man das natürliche schöne Blau. Wenn Sie noch etwas Rot dazumischen, erhalten Sie Violett, bei noch etwas mehr Blau entstehen verschiedene Töne von Violett. Die Farbauswahl sowie der Anteil der entsprechenden Farbe ist eine emotionale Spielerei, die viel Freude bereitet. Probieren Sie das aus.*

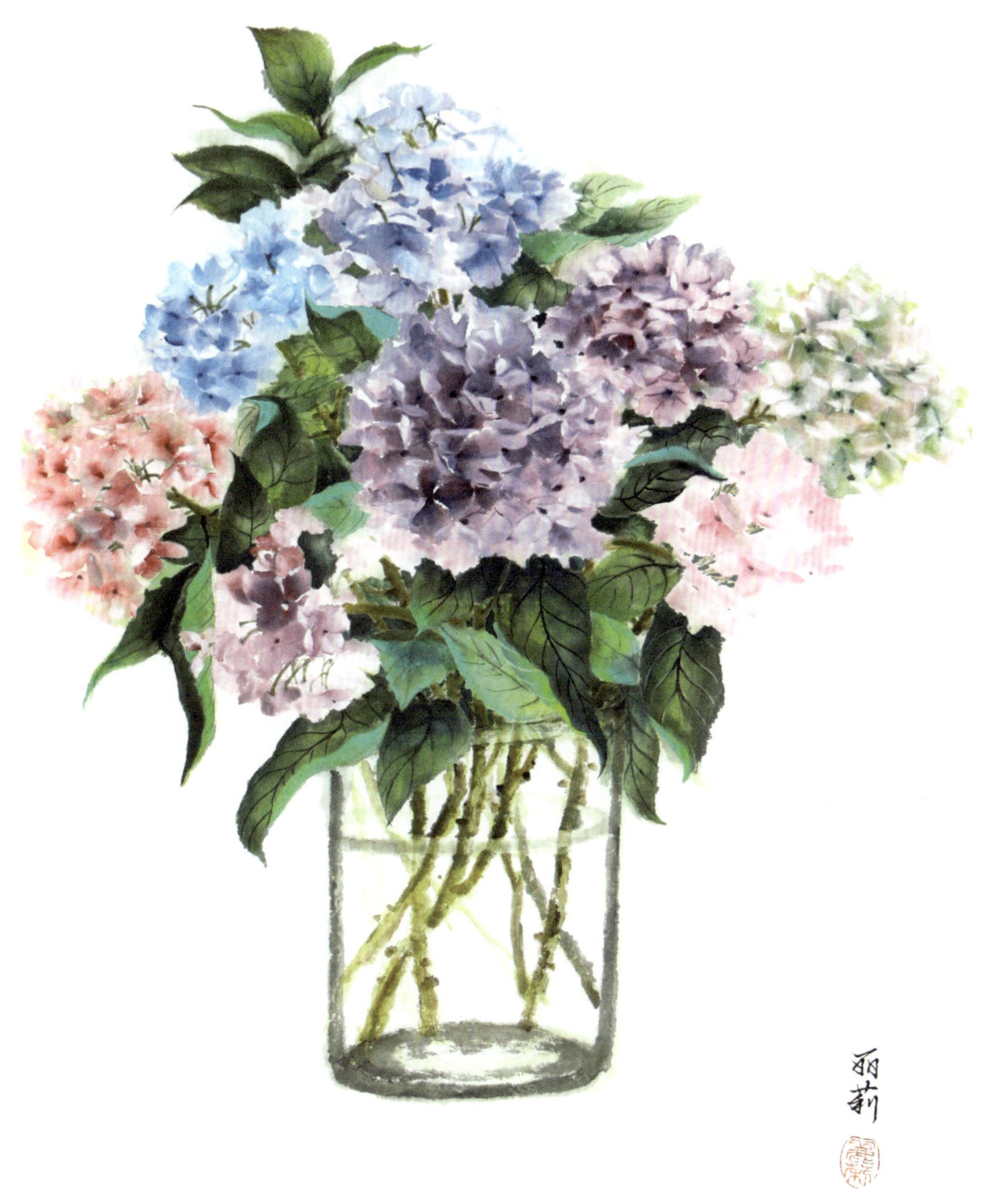

Die Blumen in voller Pracht

KOSMEEN

Pinsel

Blüten: Weiße-Wolken-Pinsel Nr. 1
Stängel: Kleiner Wieselhaarpinsel

Farben

Blüten:
○ Titanweiß, ● Karminrot, ● Phthaloblau
Blätter: ● Gelb, ● Indigoblau, ● Tusche
Stängel: ● Braun, ● Tusche

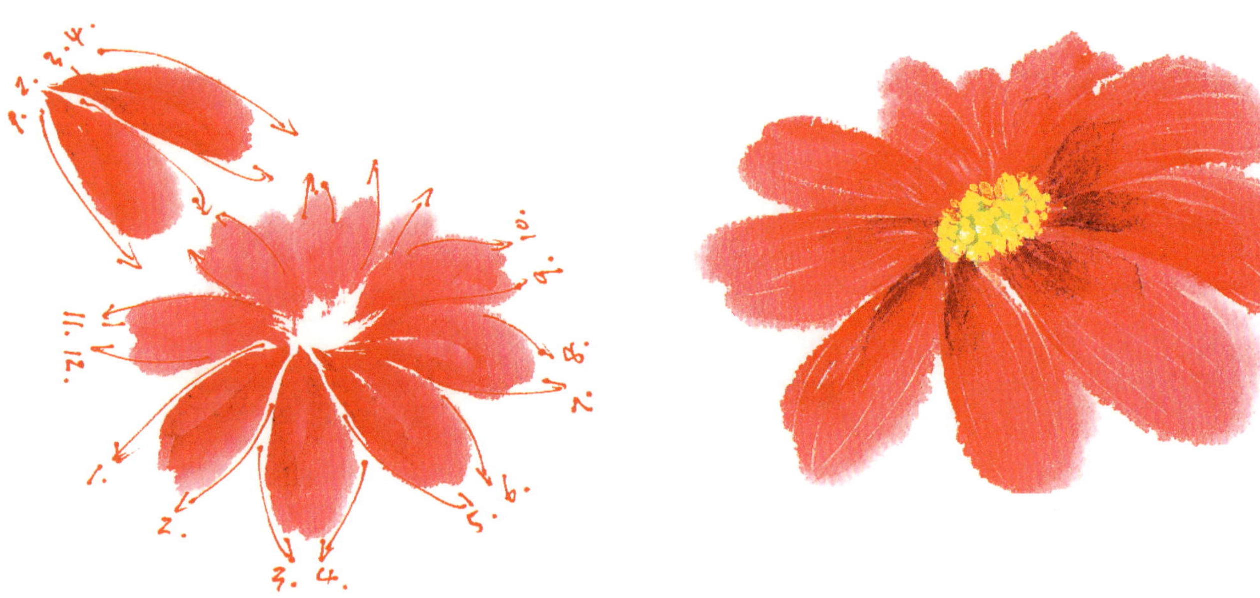

Blüten

Die Form der Blüten ist ähnlich wie bei der Chrysantheme. Malen Sie mit zwei Strichen ein Blütenblatt von innen nach außen, wobei der Strich nach oben zu etwas breiter wird und mit einer leichten Rundung abschließt. Fahren Sie fort, so wie die Abbildung es zeigt, gruppieren Sie die Blütenblätter rund um den Stempel. Fügen Sie in die freie Stelle in der Mitte Grüngelb hinzu und tupfen Sie kleine Pünktchen darauf, um das Staubgefäß anzudeuten. Bei den Knospen malen Sie zuerst den Ansatz der Knospe in Grün, dann tupfen Sie darauf das Rot.

Stiele und Blätter

Mischen Sie zuerst Gelb und Indigo in die Spitze des Pinsels und geben Sie etwas Braun hinzu. Halten Sie den Pinsel senkrecht, ziehen Sie die Stiele sanft und gleichmäßig vom Ansatz der Blüten nach unten. Mit einem dünnen Pinsel zeichnen Sie die feinen Blätter, welche aus dem Ansatz am Stiel herauswachsen. Denken Sie daran, dass die Stiele und die Blätter zart wirken sollen. Um die Leichtigkeit der Blume hervorzuheben, malen Sie den Hintergrund z. B. in Gelb, Grün, Blau und fügen Sie feine Linien hinzu, um Gräser anzudeuten.

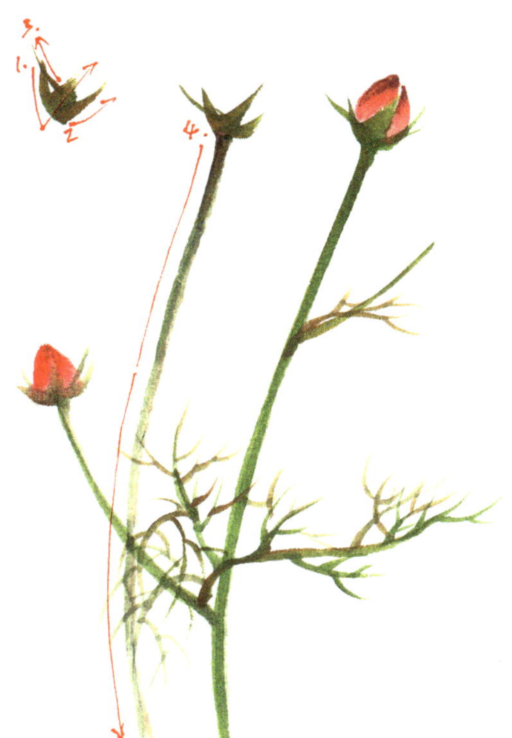

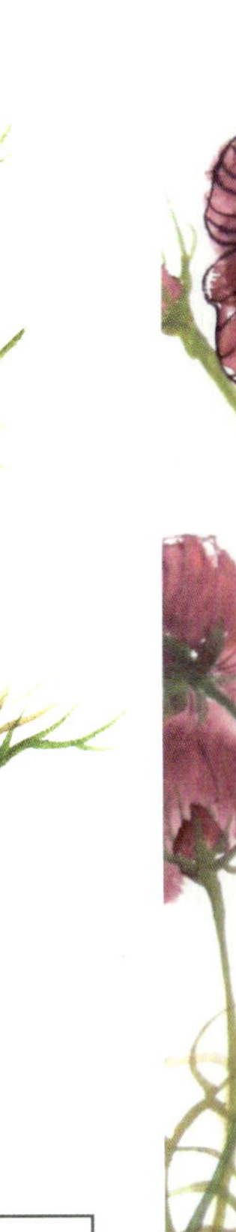

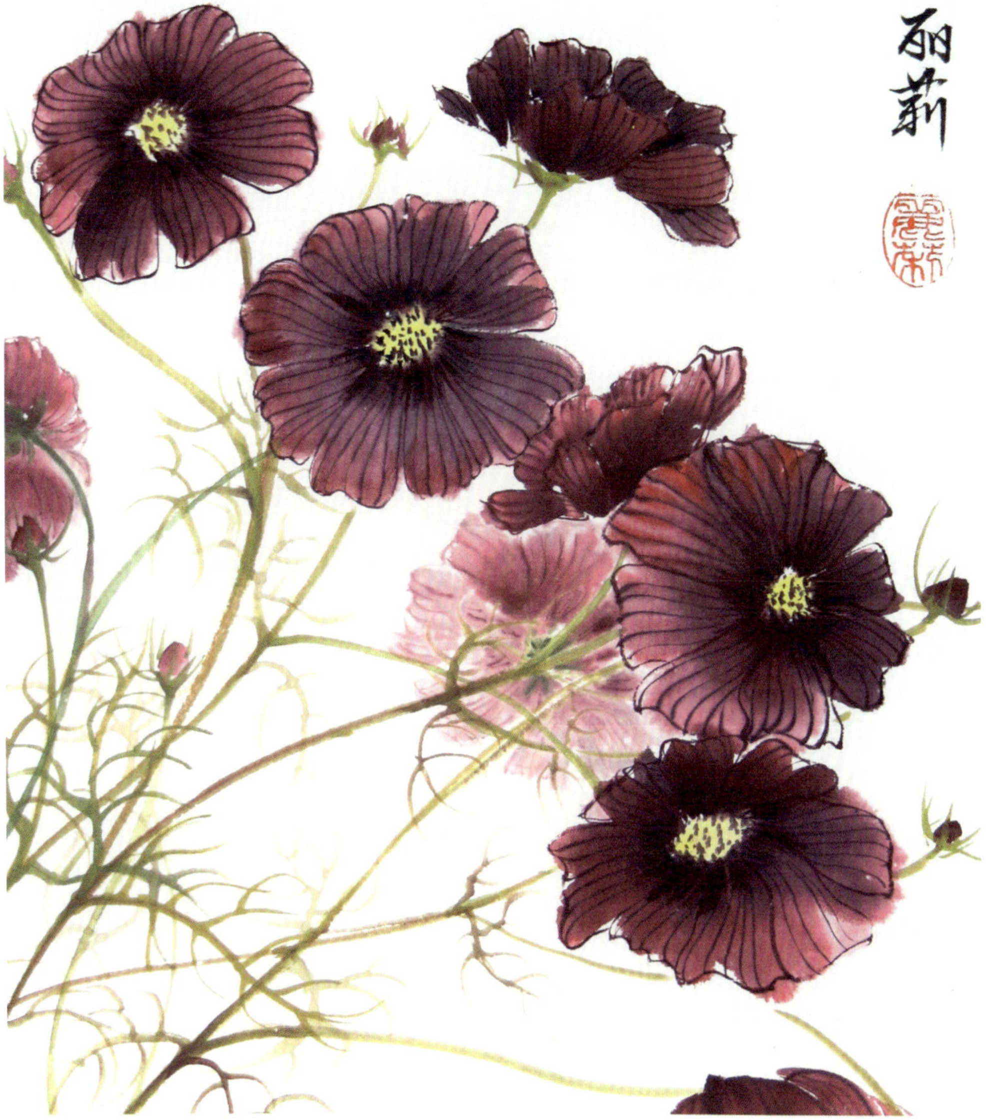

HINWEISE

- *Die Kosmea soll von zarten Blättern und Stielen umgeben sein und sich wie im Wind bewegen, so erscheint sie eleganter. Ordnen Sie die Blüten in verschiedenen Richtungen an, zum Beispiel gerade, sich neigend oder sich drehend, so wirken sie lebendiger.*

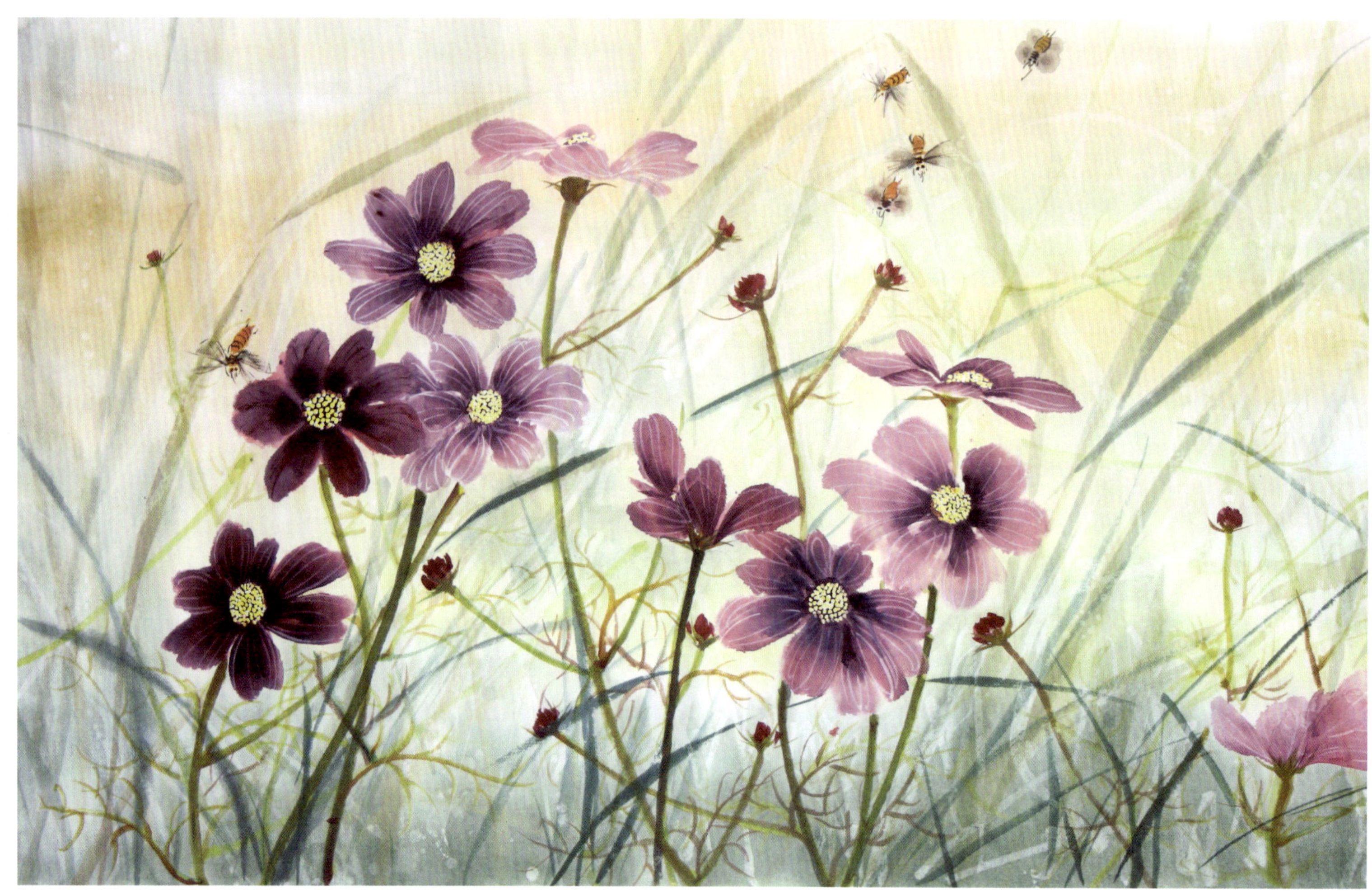

Das Sommerparadies

STOCKROSEN

Pinsel

Blüten: Weiße-Wolken-Pinsel Nr. 1
Stängel: Mittler Wieselhaarpinsel

Farben

Blüten: • Karminrot, • Phthaloblau, • Rouge
Blätter: • Gelb, • Indigoblau, • Tusche
Stängel: • Braun, • Tusche

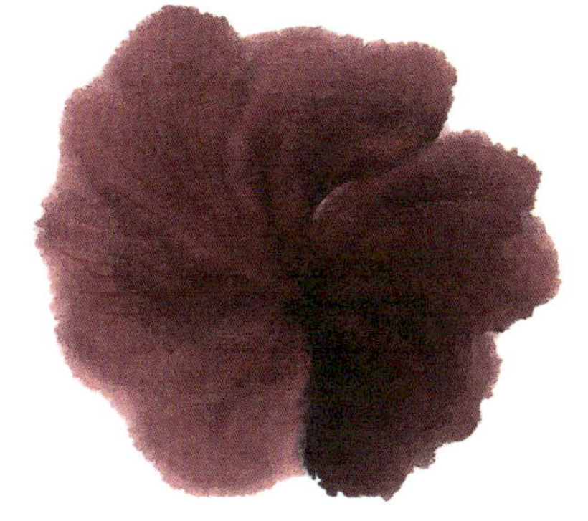

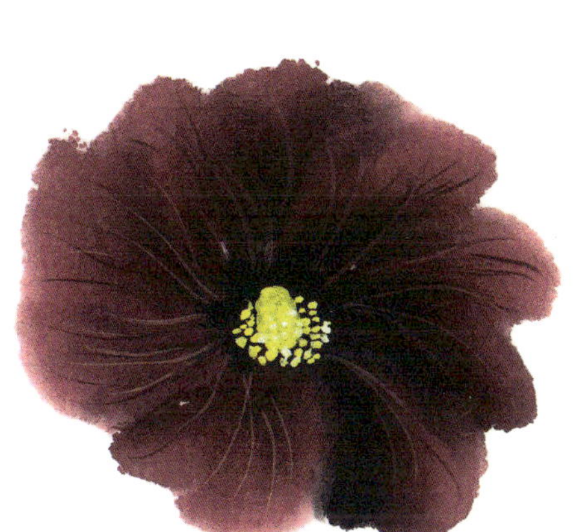

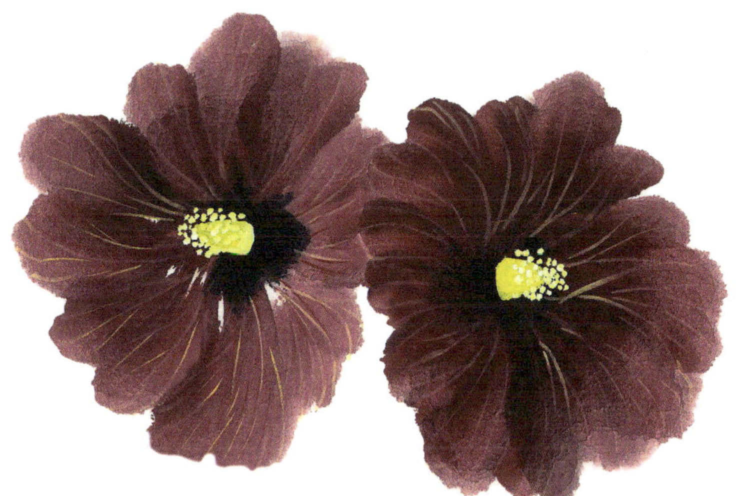

Blüte

Um Dunkelrot zu erhalten, tauchen Sie den Pinsel anfangs in Karmin und etwas Tusche ein. Stufen Sie die beiden Farben von dunkel bis hell auf dem Pinsel ab. Halten Sie den Pinsel fast flach mit der Spitze nach innen für die Blüten, drücken ihn links leicht breiter für die Rundung, und fügen einen zweiten Strich auf die gleiche Weise nach rechts hinzu, so dass ein Blatt entsteht. So schaffen Sie weiter ganze Blüten in mehreren Strichen. Fügen Sie in der Mitte der Blüte Dunkelrot hinzu, darauf setzen Sie das Staubblatt in dickem Gelbweiß. Anschließend zeichnen Sie die Adern der Blüten in feinen Linien nach.

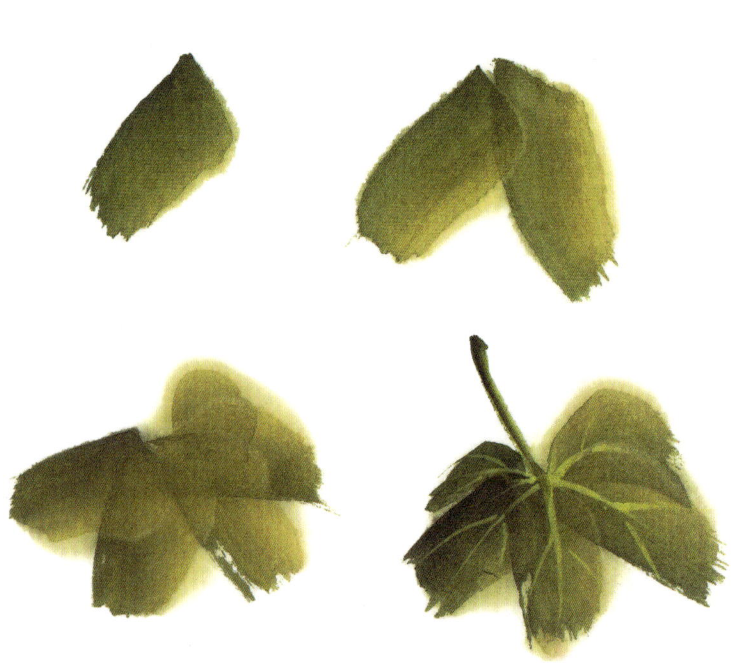

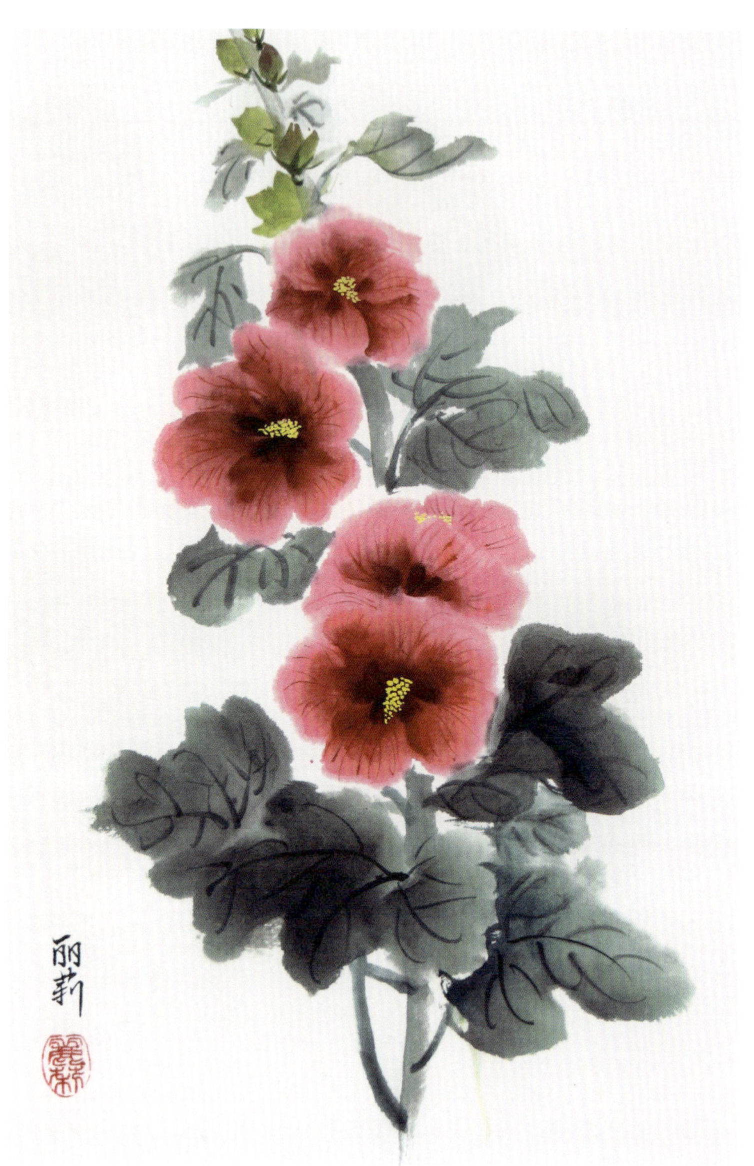

Blätter und Stiele

Die Stängel der Stockrosen sind hart und kräftig. Nehmen Sie den Wieselhaarpinsel, der wenig Wasser enthält, und tauchen Sie ihn in Braun, mit ein wenig Tusche. Am Anfang halten Sie ihn schräg und ziehen die Stängellinien von unten nach oben. Während der Pinselführung ändern Sie die Haltung des Pinsels in mehr senkrecht, um so einen dünneren Strich zum Ende des Stieles zu bekommen, was dem natürlichen Wachstum entspricht. Mit dem großen Pinsel malen Sie die Blätter, halten Sie ihn flach, mit zwei Strichen wird ein großes eiförmiges Blatt gemalt. Ordnen Sie die Blätter so an, dass sie in vielen Farbnuancen und verschiedenen Ansichten erscheinen.

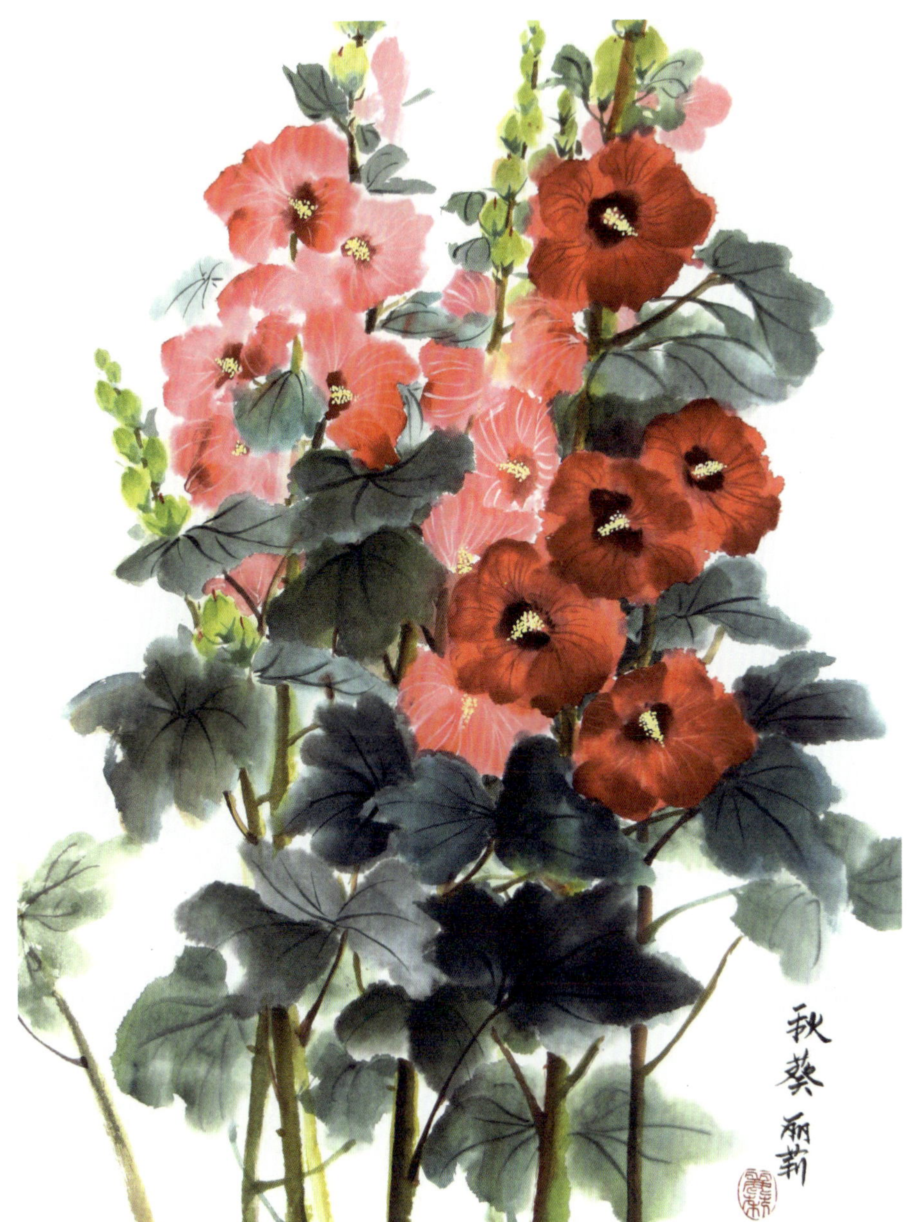

Der Garten meiner Liebe

HINWEISE

- *Stockrosen, wie der Name sagt, wachsen von der Seite des Stängels heraus und entwickeln sich stückweise nach oben. Beim Malen beachten Sie, dass die Blüten unten zahlreicher vorhanden sind als oben. Das Bild erhält mehr Tiefe, indem man mehrfach eine Grundschicht aufträgt und reichlich verschiedene Farbnuancen anwendet, so dass die Blüten im Vordergrund dunkler erscheinen als im Hintergrund.*

ORCHIDEEN

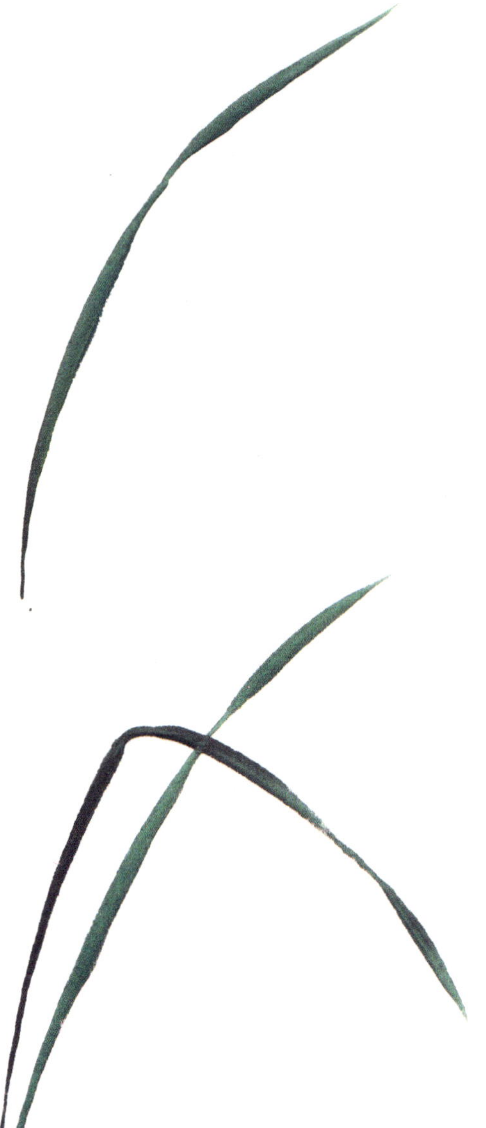

Pinsel

Blätter: Mittlerer Wieselhaarpinsel
Blüten: Kleiner Wieselhaarpinsel

Farben

Blätter: • Indigoblau, • Tusche
Blüten: • Gelb, • Indigoblau, • Rouge

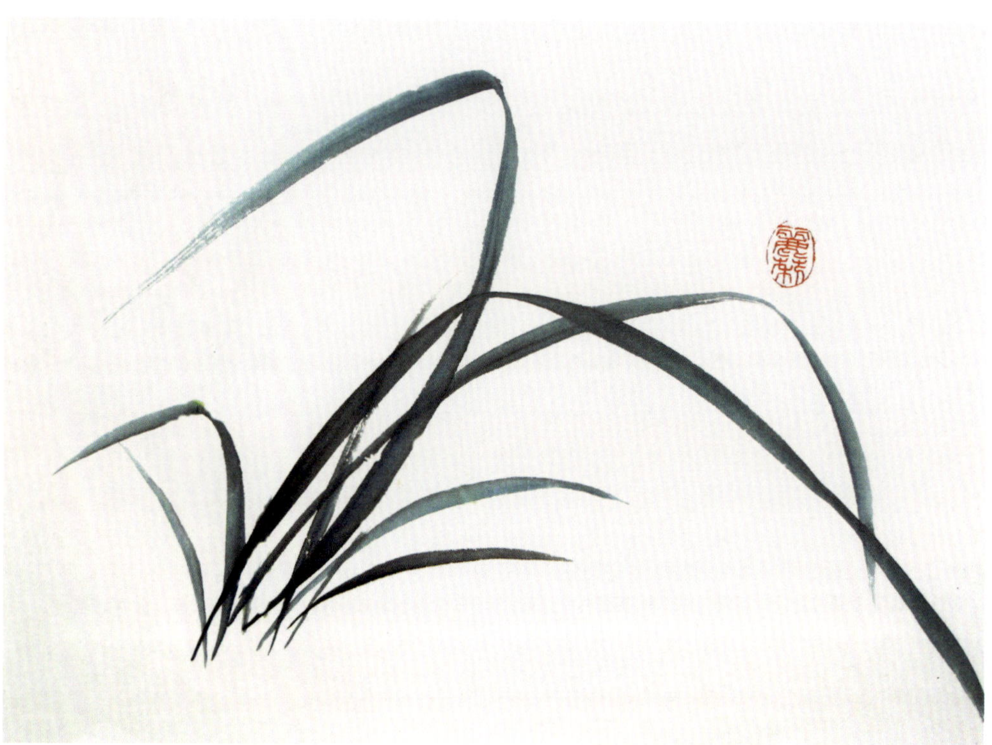

Blätter

Nehmen Sie einen guten elastischen Wieselhaarpinsel mit langem Haar. Halten Sie ihn senkrecht, beginnen Sie unten am Ansatz der Blätter und ziehen Sie die Linie nach oben, so entsteht mit einem Strich ein Blatt. In der gleichen Weise ziehen Sie das zweite Blatt, das von unten kommt und dabei den ersten Strich kreuzt. In ungleichmäßigen Blattabständen ordnen Sie weitere Blätter an, so dass eine dynamische Bewegung entsteht. Dort, wo die Blüten herauswachsen, muss die Stelle frei bleiben.

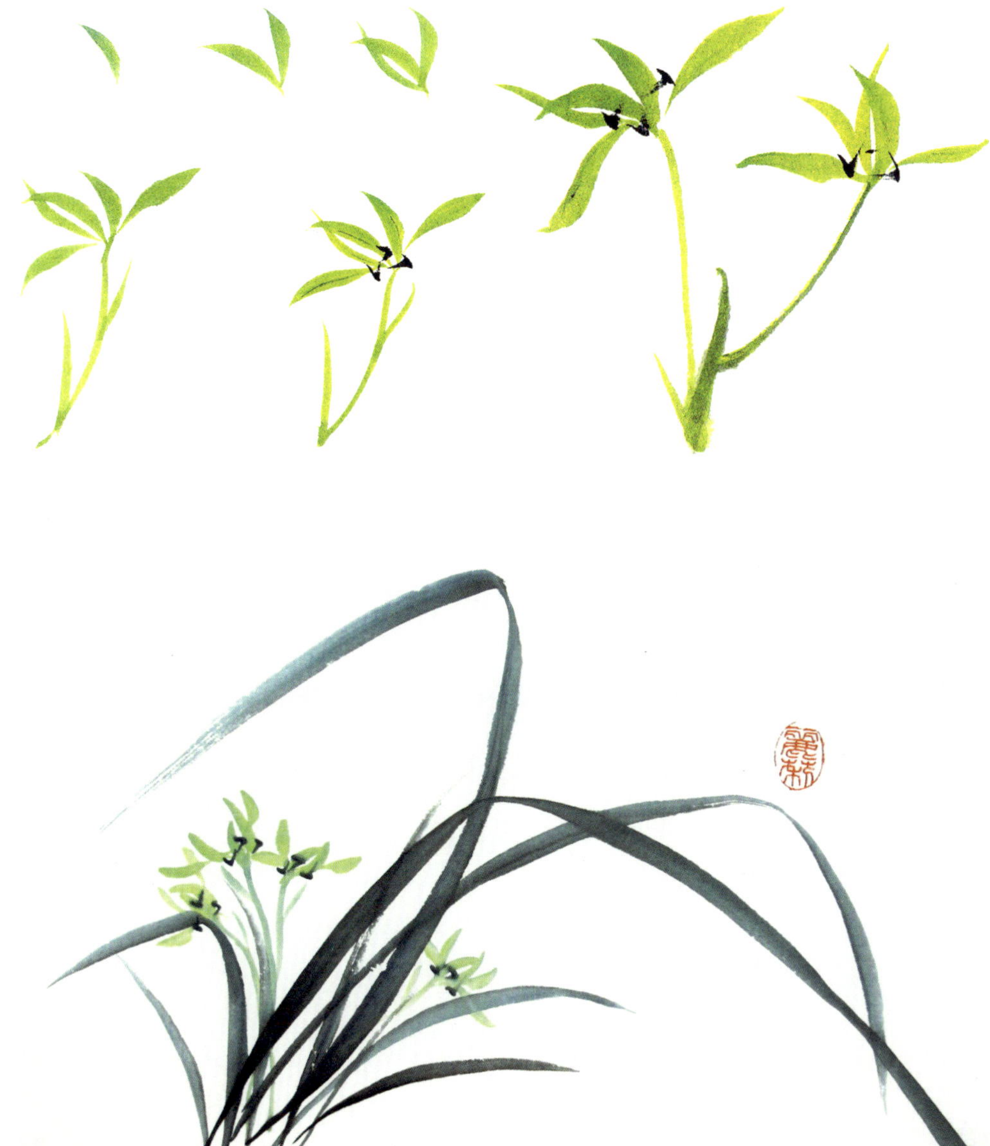

Blüten

Die Blüten gibt es in Gelbgrün, Violett, Gelbrot und in verschiedenen anderen Farben.

Mischen Sie Gelbgrün in den Pinsel, drücken Sie die Pinselspitze sanft und ziehen Sie sofort nach unten einen Strich. Beachten Sie hierbei, dass die Spitze des Blattes schmaler und die Mitte des Blattes breiter und am Ende wieder schmal wird. Zum Schluss malen Sie in die Mitte der Blüten kleine dreieckige Häkchen mit dunkler Farbe hinein, um das Staubgefäß anzudeuten. Fügen Sie die Stiele hinzu, vom Boden kommend bis zu den Blüten.

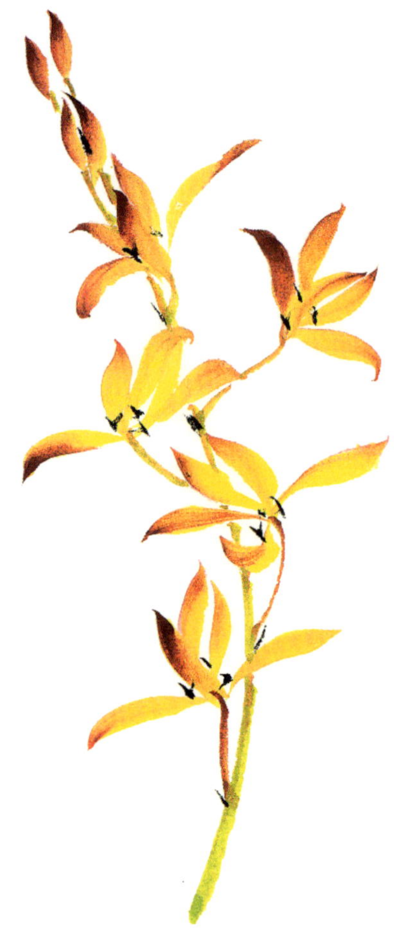

HINWEISE

• *Beachten Sie den Farbkontrast: Die Blätter sind dunkel, die Blüten heller und das kleine Häkchen als Stempel wieder dunkel. Dadurch belebt sich das Bild. Die elegante Form der Blätter erreichen Sie mit einer sich ändernden Druckkraft während der Pinselführung.*

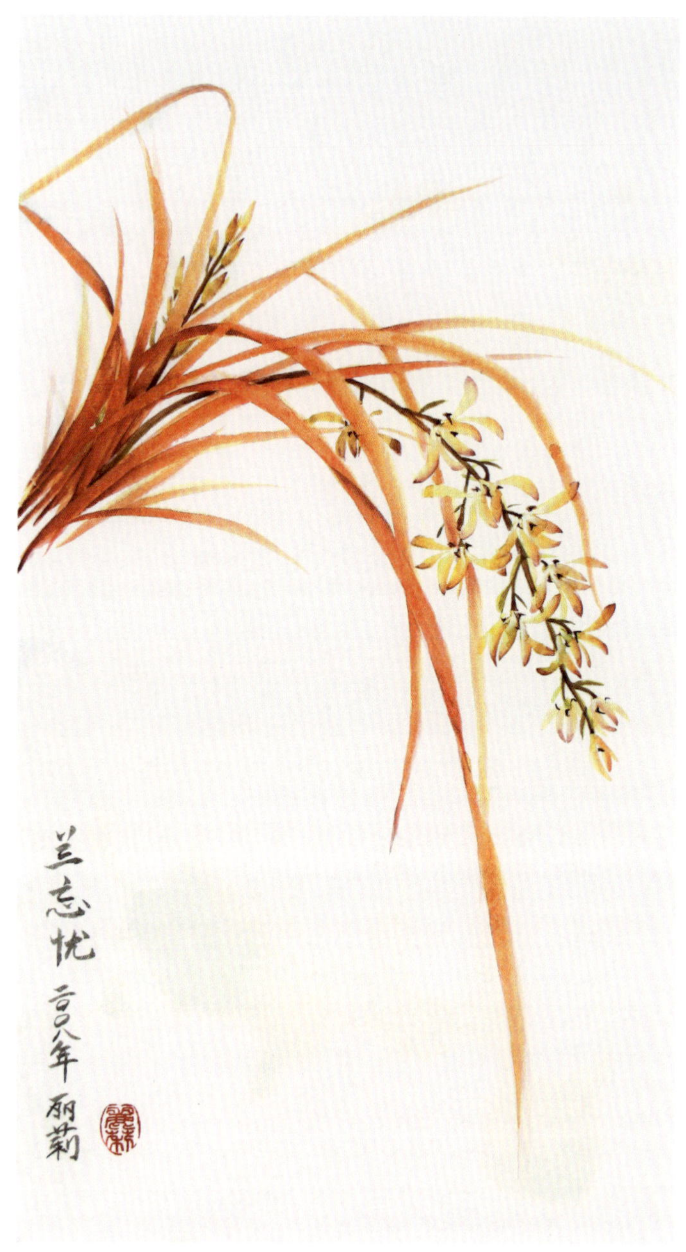

Ein Abdruck meines Herzens

CHRYSANTHEMEN

Pinsel

Blumen: Wieselhaarpinsel,
Blätter: Ziegenhaarpinsel Nr. 5
Stiele: Mittlerer Wieselhaarpinsel

Farben

Blumen: ● Tusche, ● Gelb, ● Indigoblau
Blätter: ● Indigoblau, ● Tusche
Stiele: ● Braun, ● Tusche

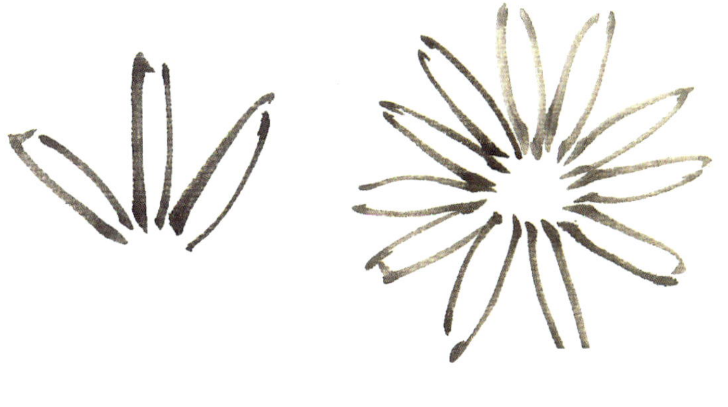

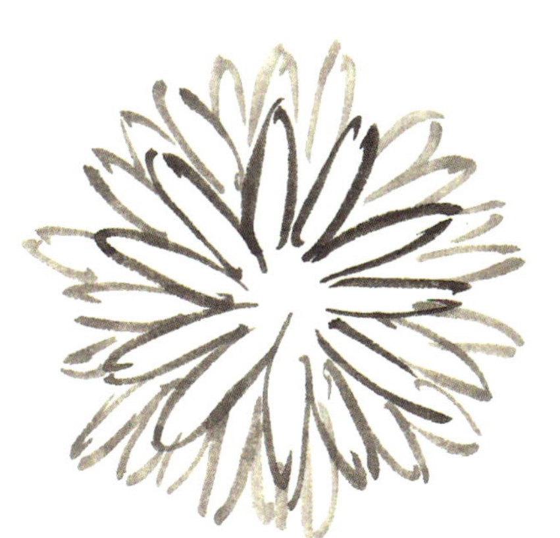

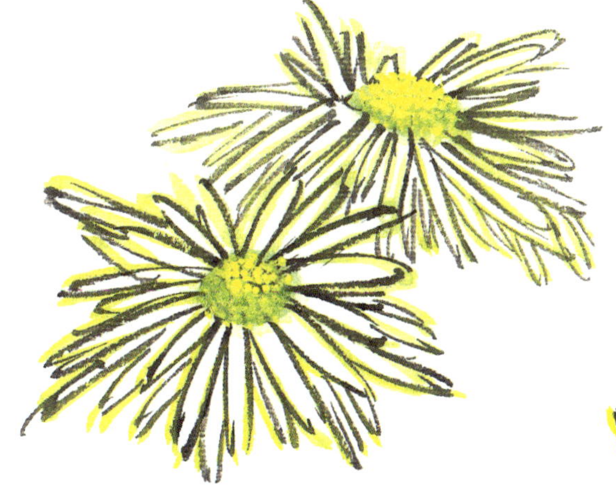

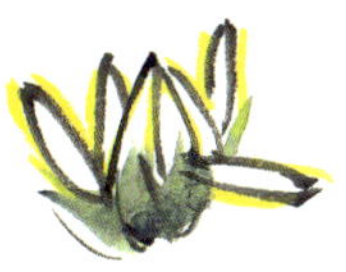

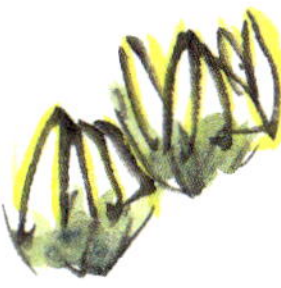

Blüten

Die weißen Blüten werden mit grauer Tusche in der Umrisstechnik gezeichnet. Halten Sie den Pinsel senkrecht, setzen Sie ihn sanft an und ziehen Sie schnell eine kurze Linie. Jedes Blütenblatt wird mit zwei Strichen angedeutet. Auf die gleiche Malweise werden die Blütenblätter rund um den Stempel des Staubgefäßes gezeichnet.

Um das Weiß der Chrysantheme hervorzuheben, zeichnen Sie die Umrisse der Blüten mit einem dünnen Pinsel in Grün noch einmal nach. Zum Schluss fügen Sie den Stempel in Gelbgrün hinzu.

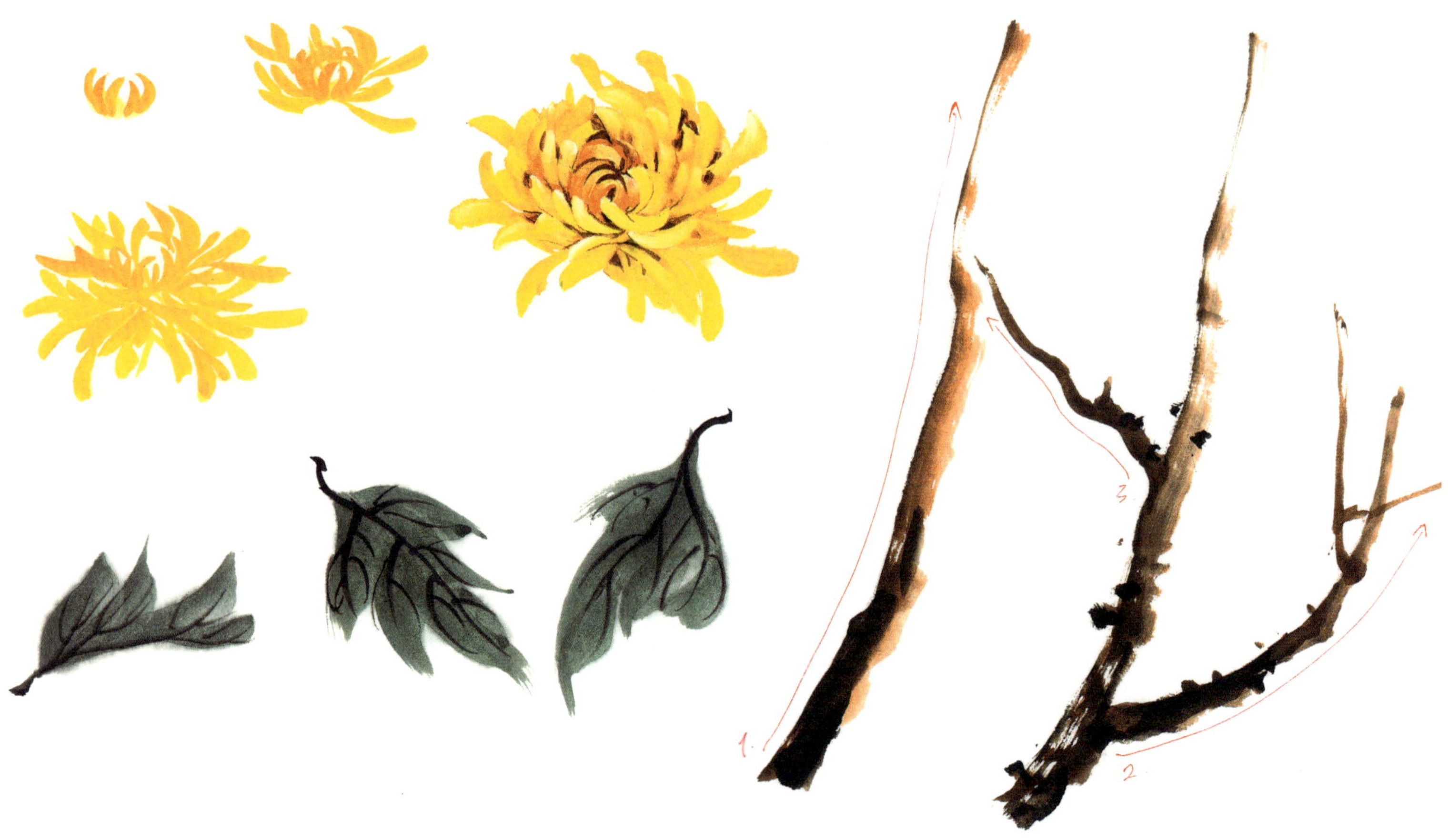

Blätter

Mischen Sie Gelb, Indigoblau und Tusche wie zuvor beschrieben. Setzen Sie den Pinsel leicht auf das Papier und drücken ihn in einer leichten Rundbewegung nach unten, so entsteht der erste Strich des Blattes. Ein Blatt setzt sich aus vier bis fünf Strichen zusammen. Die Malweise dieser Blätter ist ähnlich wie bei dem Mohnblatt. Variieren Sie die Blätter nach verschiedenen Neigungsformen. Abbildungen mit Blüten in Gelborange wurden ohne Linie in Tupftechnik dargestellt.

Äste

Nachdem die Blätter hinzugefügt wurden, malen Sie jetzt die Äste, die die Blüten und Blätter verbinden, mischen Sie Braun und Tusche im Pinsel, ziehen Sie einen breiten Strich von unten nach oben. Die Rauheit der Äste erreichen Sie durch eine stockende Pinselführung.

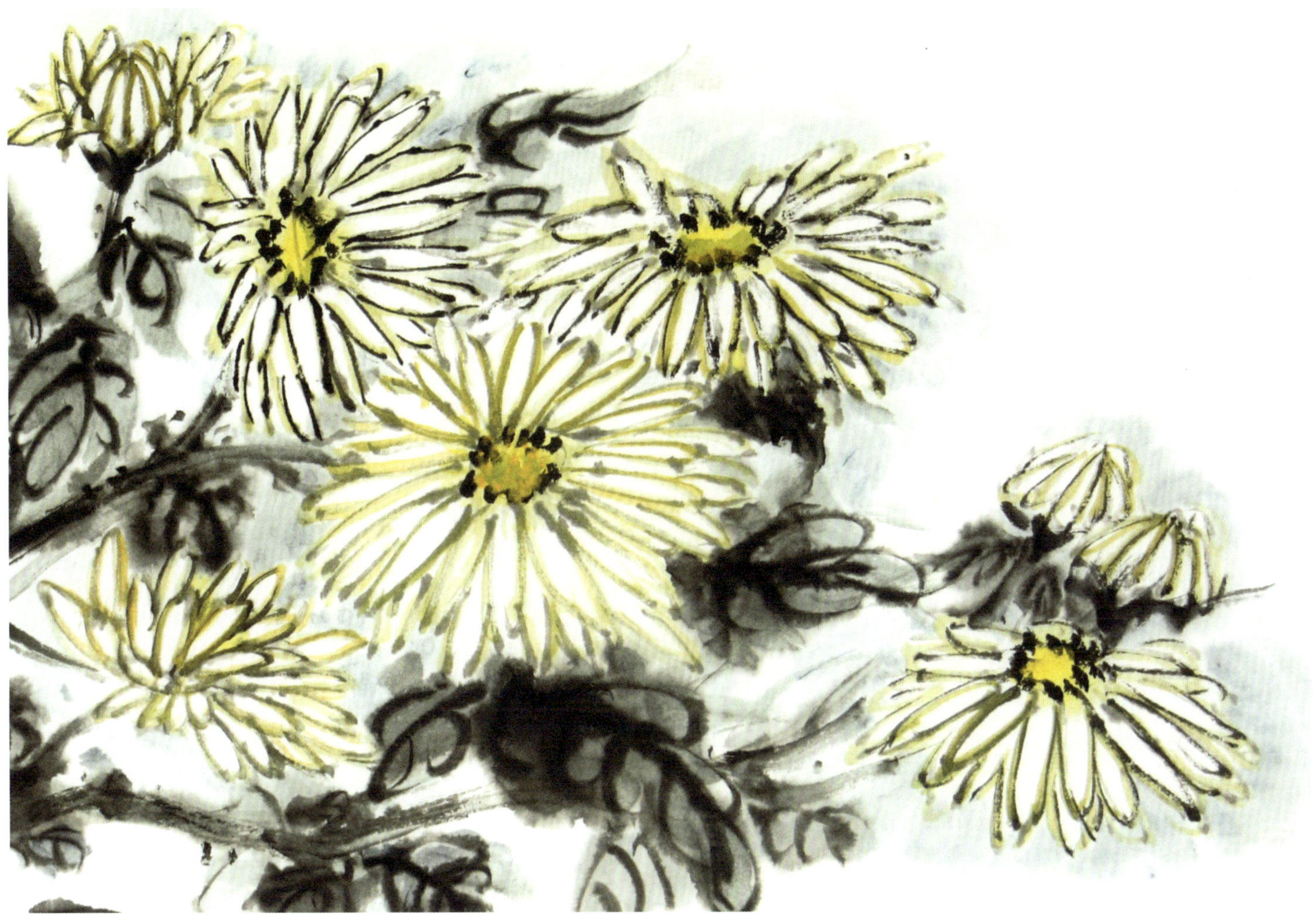

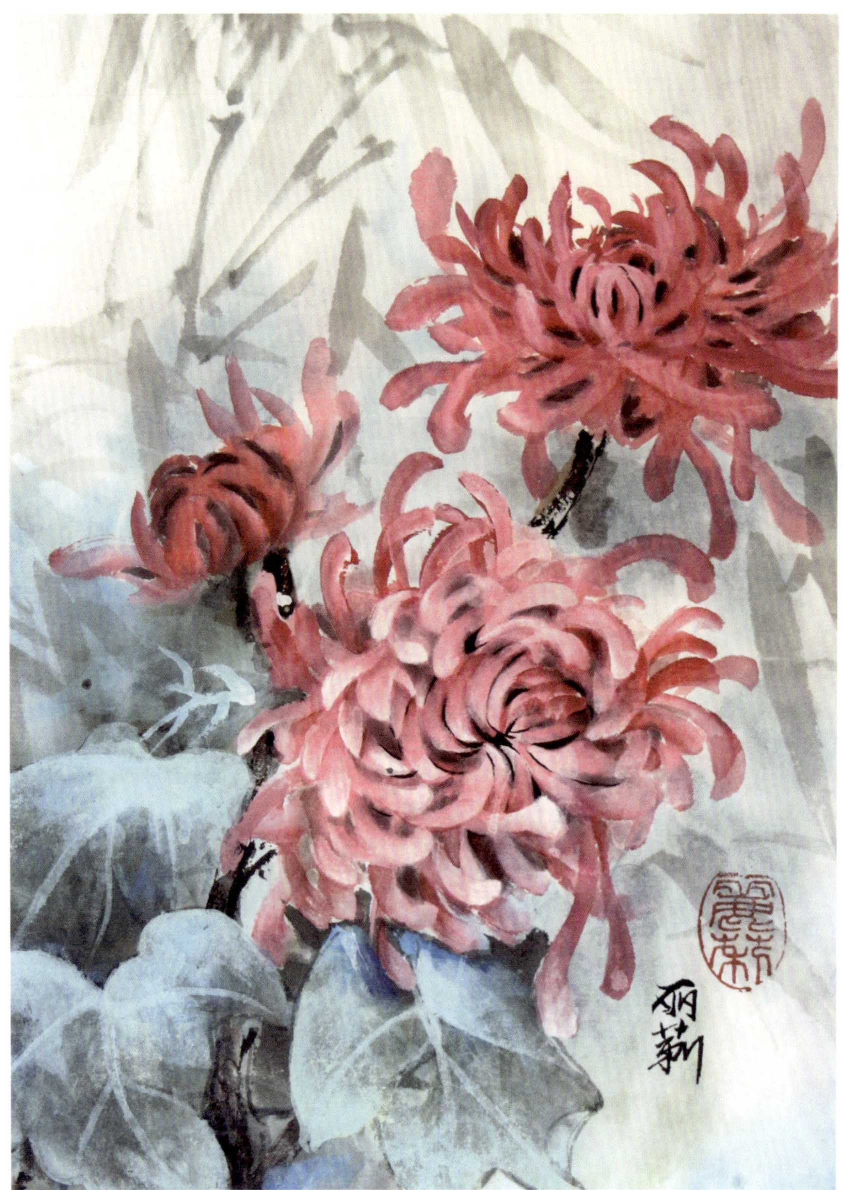

Im tiefen Herbst

HINWEISE

- *Man kann auch weiße Chrysanthemen nur mit Tusche in Umrisslinien zeichnen, ohne danach die Linien mit Farbe nachzuziehen. In diesem Fall kann die Tusche dunkler sein. Die farbigen Chrysanthemen malen Sie direkt in Farbe ohne Umriss, oder Sie zeichnen die Blütenblätter mit Tusche im Umriss, und füllen Sie diese dann mit Farbe aus. Probieren Sie, die verschiedenen Blütenarten in obengenannten Techniken zu variieren.*

WEIHNACHTSSTERNE

Pinsel

Blüten: Weiße-Wolken-Pinsel Nr. 1
Blätter: Ziegenhaarpinsel Nr. 2
Blätteradern: Wieselhaarpinsel

Farben

Blumen:
• Karminrot, • Scharlachrot, • Rouge
Blätter: • Gelb, • Indigoblau, • Tusche
Stempel: • Gelb, • Zinnober, • Grün

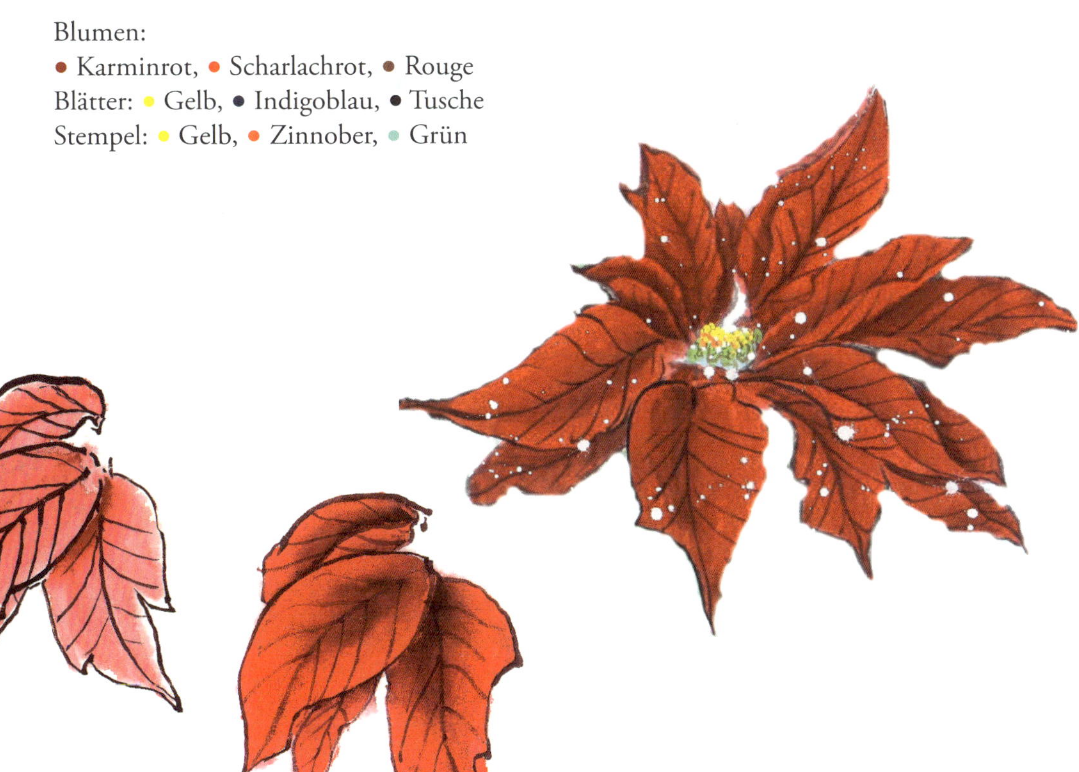

Blüten

In Lasurtechnik wird die Farbe der Weihnachtssterne in mehreren Schichten übereinander aufgetragen, dann wirkt die Farbe intensiver. Verdünnen Sie Rouge mit ein wenig Wasser und tauchen Sie den Pinsel darin ein. Malen Sie nun die Blütenblätter um den runden Stempel herum. Nachdem die erste Farbschicht getrocknet ist, zeichnen Sie mit einem feinen Pinsel in dünnen Linien die Form der Blüten ein. Füllen Sie nun die Blüten mit Karminrot aus, das zweimal übereinander aufgetragen wird. Sobald die Farben getrocknet sind, schattieren Sie die Blütenblätter mit Rouge. In der Mitte der freien Stelle fügen Sie Grün hinzu und zum Schluss tupfen Sie mit einem kleinen Pinsel, der eine Mischung aus Gelb mit etwas Orange enthält, die Staubgefäße auf und die Schneeflocken darauf.

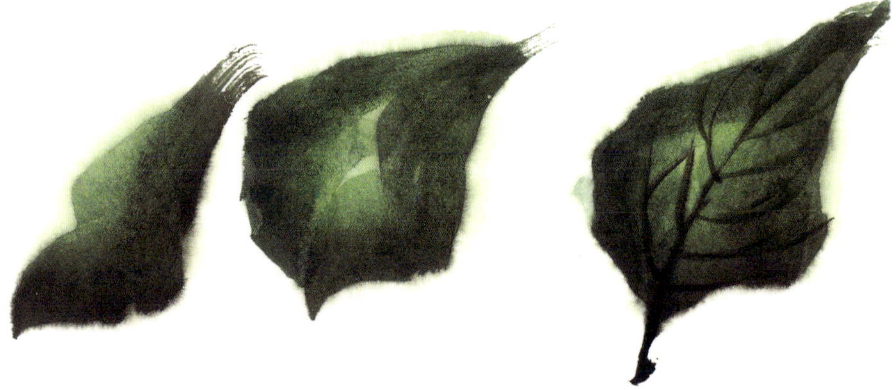

Blätter

Die Blätter des Weihnachtssterns sehen dunkel aus. Die Farbe besteht aus einer Mischung von Gelb und Indigoblau und einer Zugabe von Tusche. Um dunklere Blätter erhalten zu können, fügen Sie mehr Tusche hinzu. Verwenden Sie den großen Ziegenhaarpinsel, der mit grüner Farbe abgestuft wurde und drücken ihn kräftig auf, um breite Blätter zu erhalten. Auf die noch feuchte grüne Farbe zeichnen Sie rasch die Blattadern ein.

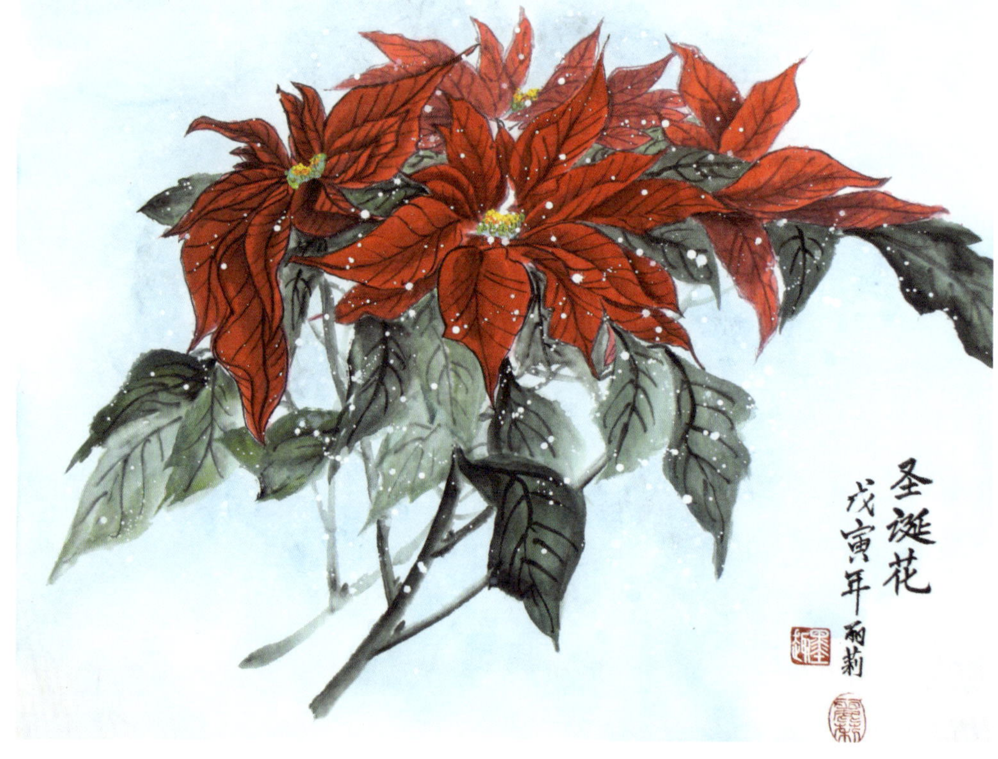

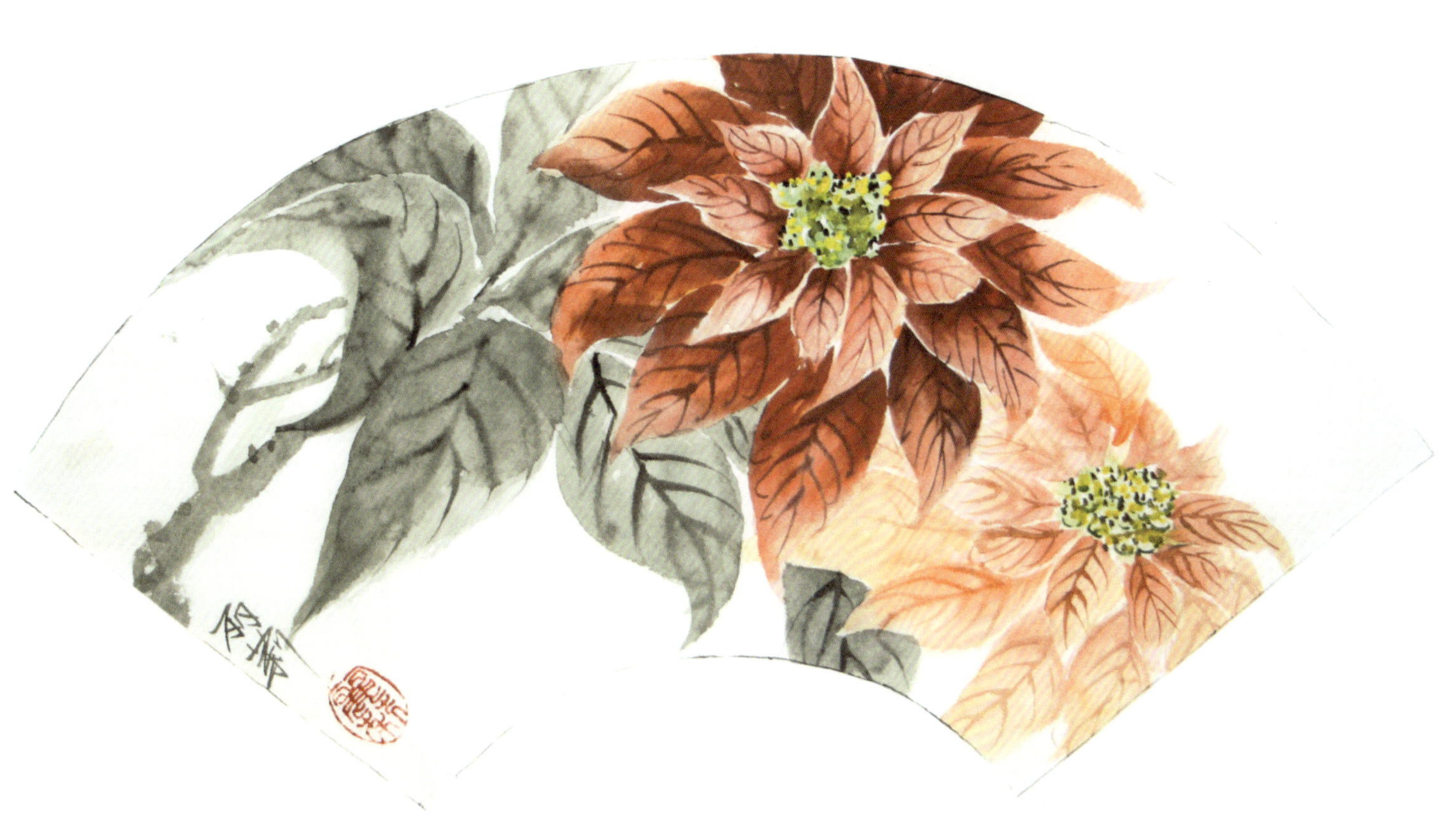

Während der besinnlichen Zeit

BAMBUS

Pinsel

Blätter: Weiße-Wolken-Pinsel Nr. 1
Stämme: Ziegenhaarpinsel Nr. 3
Zweige: Wieselhaarpinsel

Farben

• Indigoblau, • Gelb, • Tusche

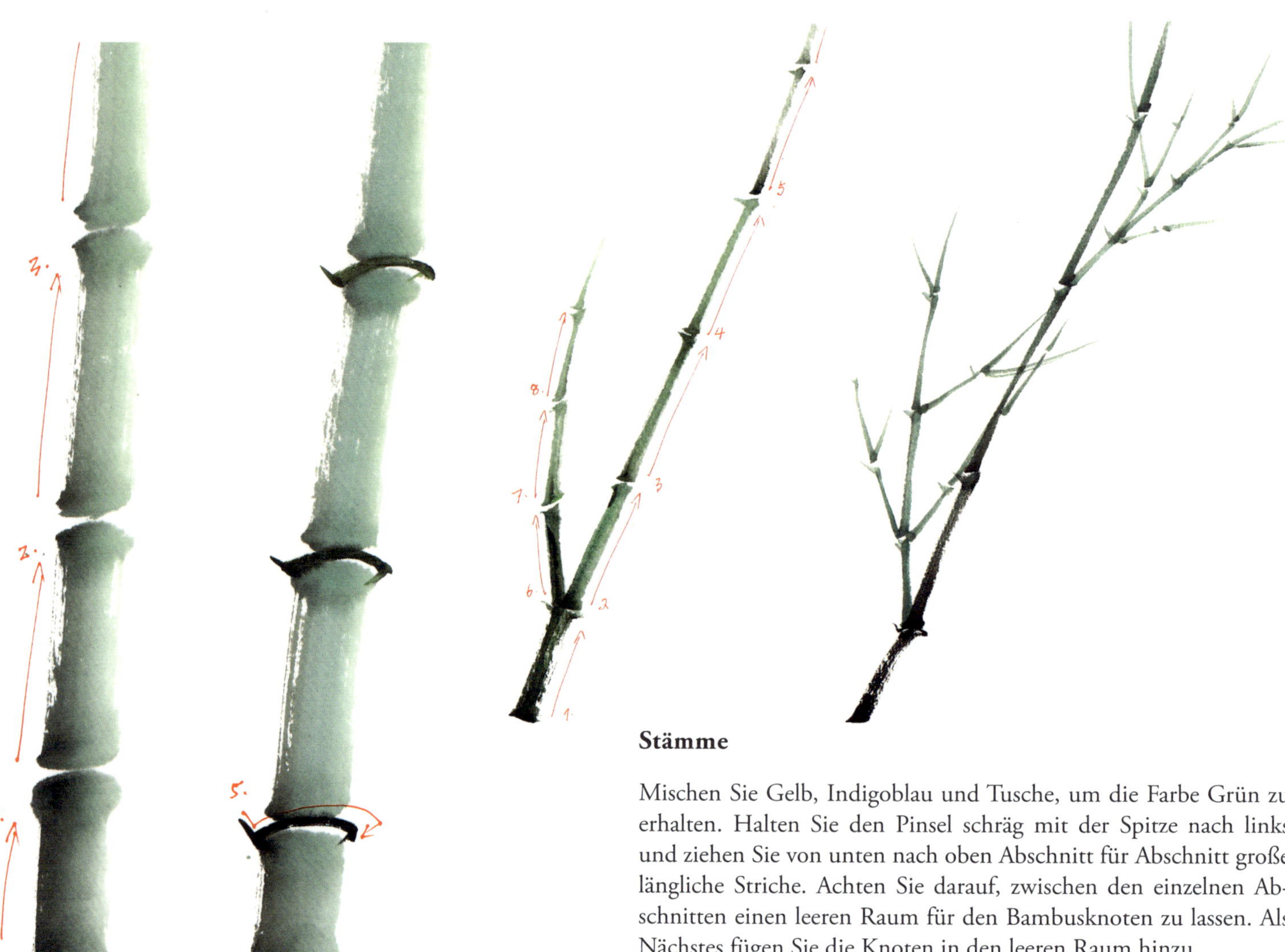

Stämme

Mischen Sie Gelb, Indigoblau und Tusche, um die Farbe Grün zu erhalten. Halten Sie den Pinsel schräg mit der Spitze nach links und ziehen Sie von unten nach oben Abschnitt für Abschnitt große längliche Striche. Achten Sie darauf, zwischen den einzelnen Abschnitten einen leeren Raum für den Bambusknoten zu lassen. Als Nächstes fügen Sie die Knoten in den leeren Raum hinzu.

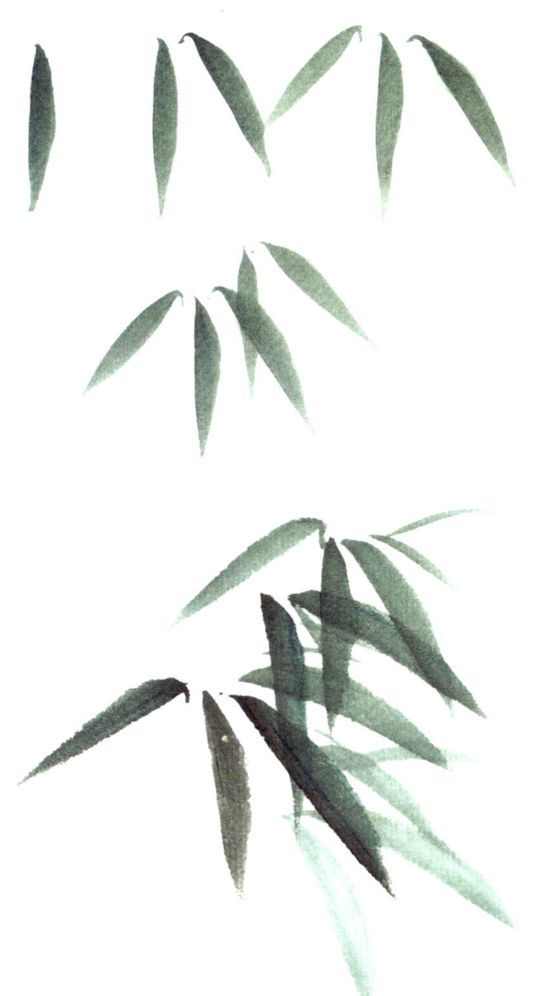

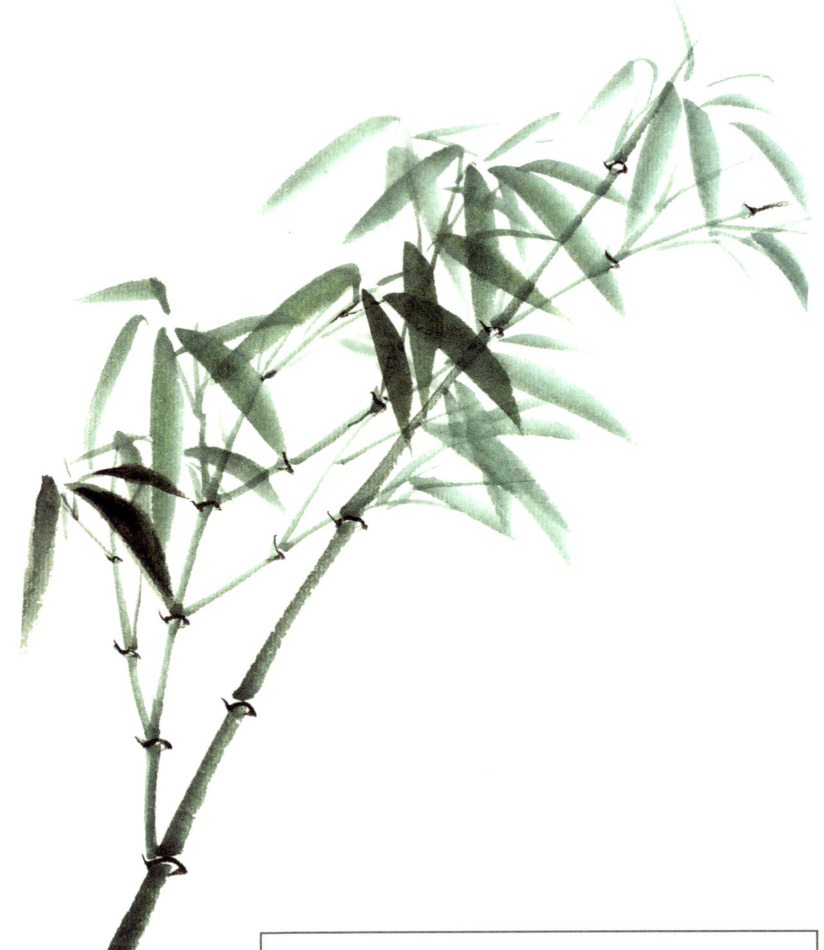

Blätter

Die Mischung für die Blätter ist die gleiche wie für die Bambusstämme. Halten Sie den Pinsel senkrecht und drücken Sie den Pinsel mit der Spitze sanft auf das Papier, ziehen Sie dann den Pinsel leicht nach unten, so entsteht mit einem Strich ein Blatt. Gruppieren Sie weitere Blätter nebeneinander.

HINWEISE

- *Gestalten Sie die Blättergruppe in reichen Farbtönen von dunklem bis zu hellerem Grün, damit eine dynamische Wirkung erzeugt wird. Dies gilt auch für das Malen der Bambusrollen. Fügen Sie die Knoten rasch mit dunkler Tusche hinzu, solange die Farbe der Bambusstämme noch feucht ist.*

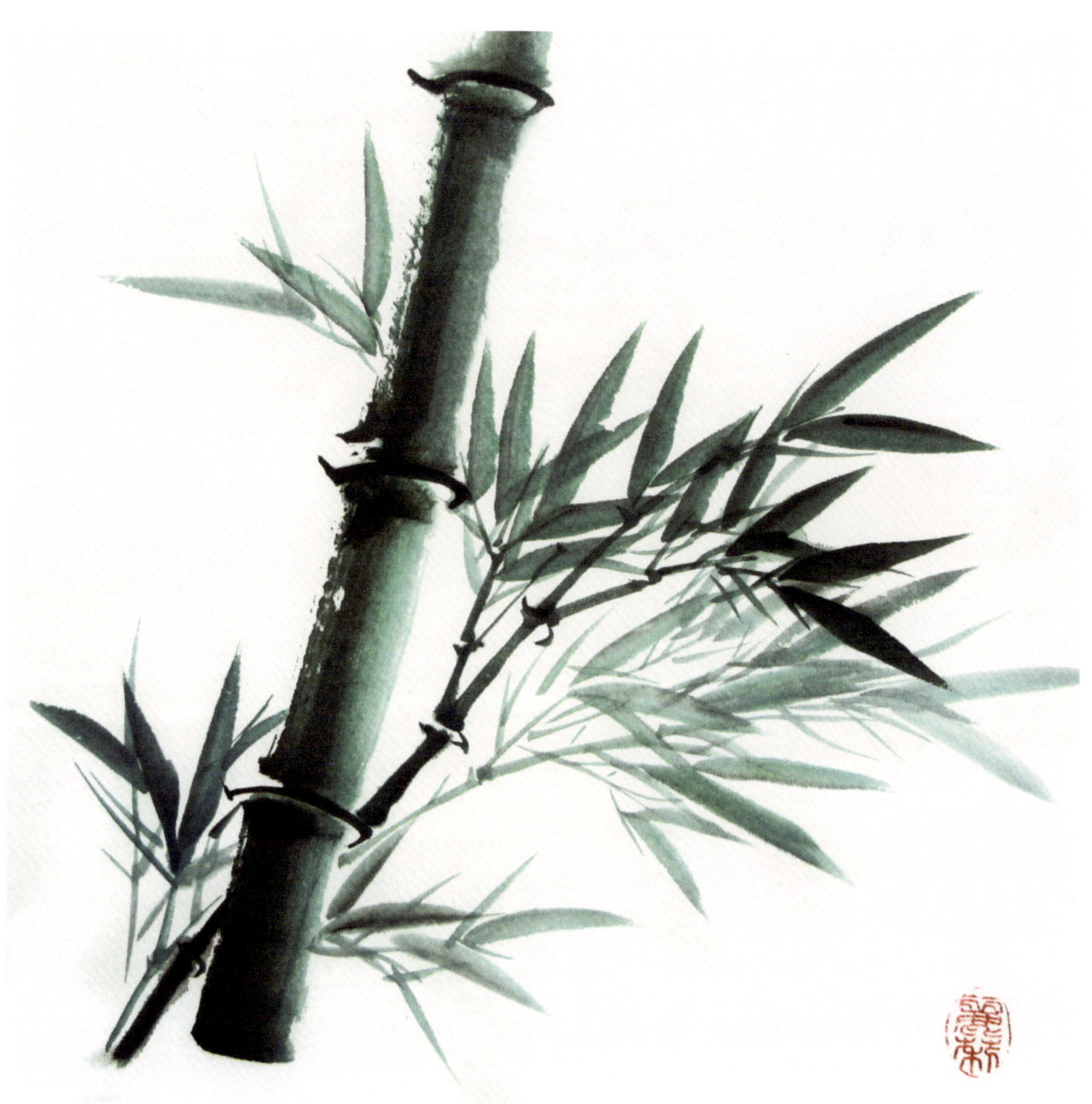

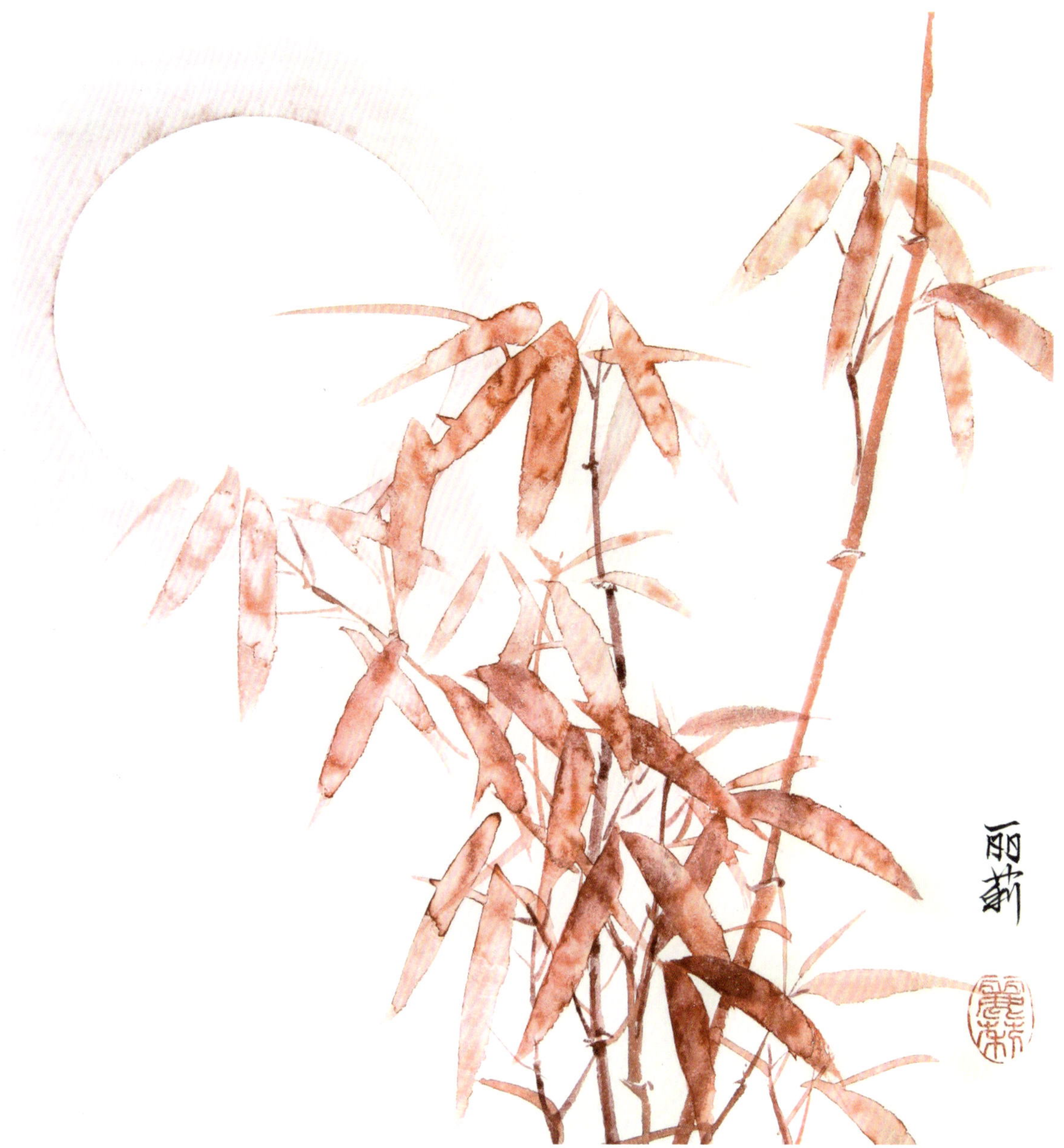

Bambus im Mondlicht

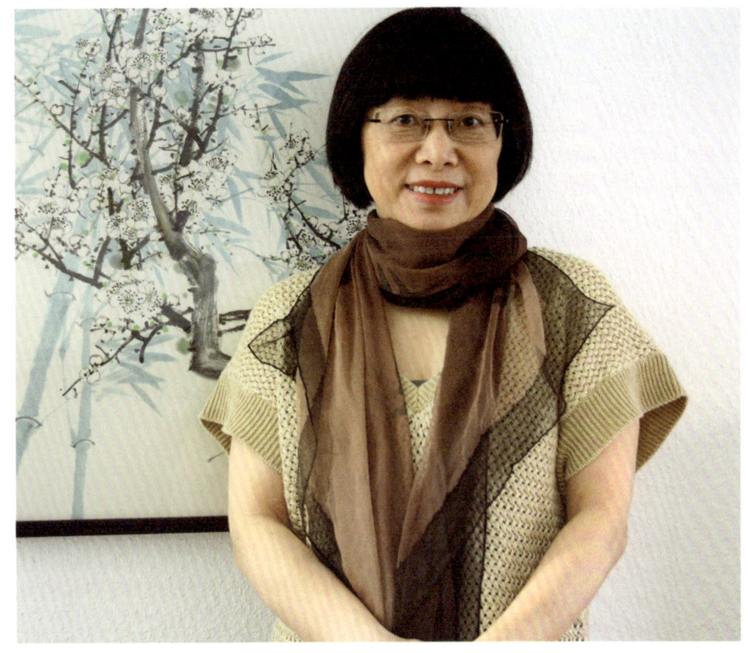

ÜBER DIE KÜNSTLERIN

Die freiberufliche Malerin Lili Yuan, geboren in Shanghai, studierte Japanische Literatur an der Fudan Universität in Shanghai. Sie erhielt ein Forschungsstipendium in dem Fach Psychopädagogik an der Städtischen Universität Osaka in Japan und studierte später Kunstgeschichte an der Ruhr-Univerisität Bochum. In der Oberklasse für Pigmentfarben-Malerei bei Prof. Jiang Caiping an der Central Academy of Fine Arts in Beijing und bei Prof. Uemura Atsushi (aus Japan) bildete sie sich fort.

2001 Gründung eines Ateliers in Krefeld, Nordrhein-Westfalen.

Neben ihrer Beteiligung an zahlreichen Einzel- und Gruppenausstellungen sowie Kunstmessen bietet sie unterschiedliche Malkurse und Malreisen im In- und Ausland (China) an.

In China hat sie folgende Preise erhalten:

2001 „Award of Excellence" der „First Chinese Heavy Colour Painting Competition Beijing", China
2002 Silberner Preis der „Feinen chinesischen Malerei und Kalligrafie", Wu-Daozi-Kunstmuseum, Henan, China
2005 Auszeichnung für „International Chinese Calligraphic and Painting Art Competition", Beijing, China
2008 Nominierung zur 7. Großen Ausstellung der Gongbi-Malerei Chinas, Künstlerverband China, Beijing

Veröffentlichungen

2010 Kunstband „Eine Reise in die Berge und ans Wasser" erschienen im Dr. Ludwig Reichert Verlag, Wiesbaden
2011 Sprachlehrbuch mit Landschaftsbildern „Amid Beautiful Landscapes", Beijing Language and Culture University Press.

Beteiligung an folgenden Veröffentlichungen

2004 Kunstbände „Chinesische KünstlerInnen für Malerei und Kalligraphie 1–7", Hebei Kunst-Verlag, China
2005 Kunstband „International Chinese Calligraphic and Painting Art Competition", Volkskunst-Verlag Tianjin, China
2008 Sammelkunstwerke „Die 7. große Ausstellung der Gongbi-Malerei Chinas 1–2", Vergabe vom Künstlerverband China und Verein der Gonbi-Malerei Chinas, Volkskunst-Verlag, Beijing

Kontakt: *www.chinaart-lili.de*

Lili Yuan / Michael von Poser
Eine Reise in die Berge und ans Wasser
Chinesische Malerei und Gedichte
aus der klassischen Zeit
64 Seiten. 4°. Mit 22 Abbildungen
(978-3-89500-750-7)

Die Tuschmalerei von Lili Yuan lässt großartige, mystisch überhauchte Landschaften entstehen. Sie knüpft dabei an eine lange Tradition an, die der chinesischen Literaten-Maler. Hier wird eine Natur gezeigt, die man nicht beherrscht und malträtiert, sondern in die man sich einfügt. Das ist im Sinn eines daostischen Denkens, das mit dem westlichen Fortschrittsglauben im Widerspruch steht. Den Bildern des Buches ist jeweils ein Landschaftsgedicht hauptsächlich der klassischen Zeit gegenübergestellt, die Linien der Malerei verbinden sich mit den Schriftzügen der Poesie. Der Pinselstrich kreiert den fliegenden Vogelschwarm im Bild ebenso wie die erklärende Aufschrift dazu. Seine Übersetzung der Gedichte hat Michael von Poser ergänzt durch einen Essay über die jahrtausendalte Existenzform des chinesischen Einsiedlers. In ihr manifestiert sich die Idee einer innerweltlichen Erlösung und des Verschmelzens mit der Natur, wie es neben vielen anderen die wohlbekannten Verse von Jia Dao mit dem Titel „Vergebliche Suche nach einem Einsiedler“ aussprechen:

Unter den Föhren frage ich den Jungen.
Der Meister sei zum Kräutersammeln fort,
in jenen Bergen, wo die Wolken hängen,
müsse er sein, er wisse nicht den Ort.

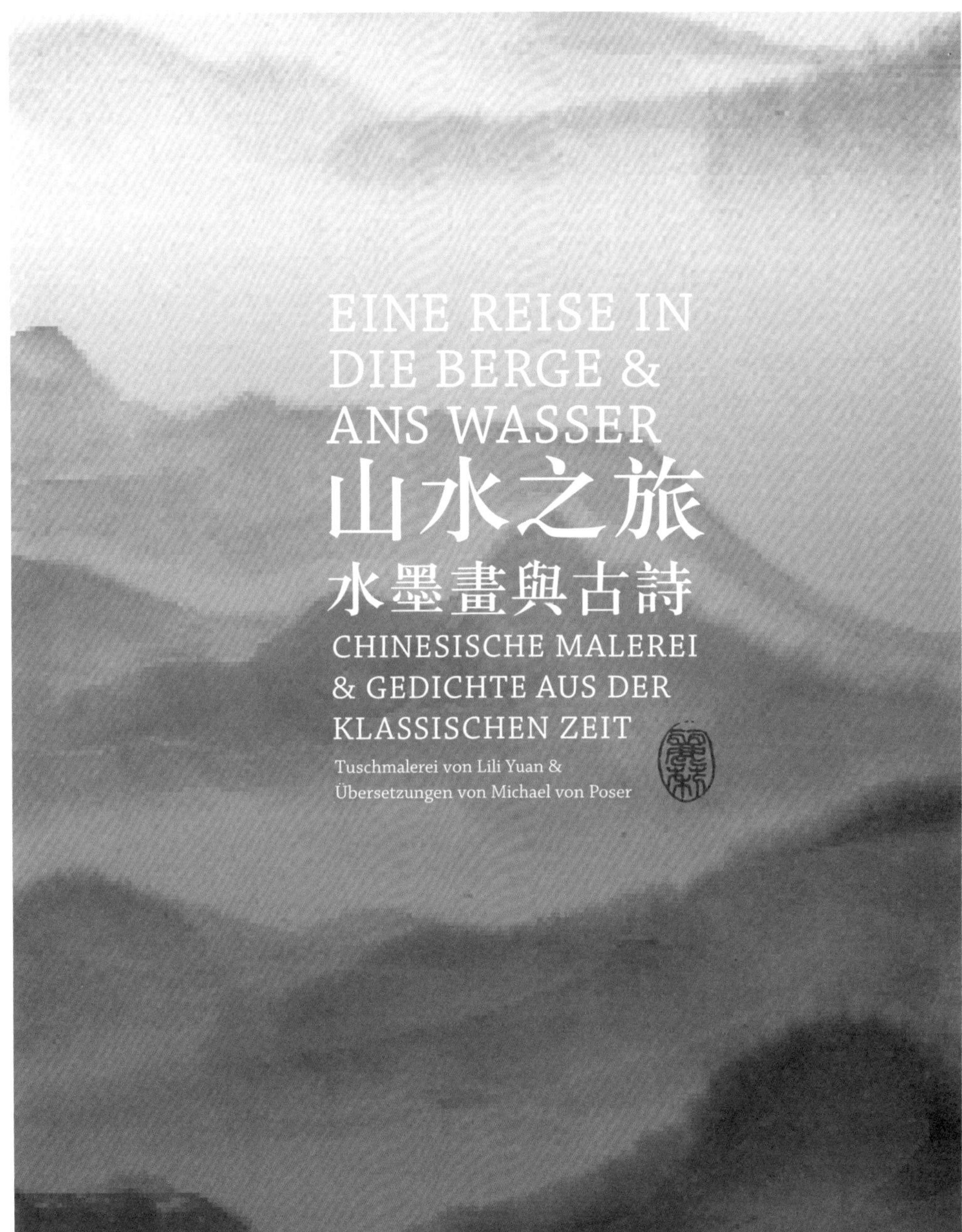

ISBN: 978-3-95490-014-5
www.reichert-verlag.de

Gedruckt auf säurefreiem Papier
(alterungsbeständig – pH7, neutral)
Printed in Germany

Bibliografische Information der Deutschen Nationalbibliothek

Die Deutsche Nationalbibliothek verzeichnet diese
Publikation in der Deutschen Nationalbibliografie;
detaillierte bibliografische Daten sind im Internet über
http://dnb.dnb.de abrufbar.